D0065954

DÉFENSE ET ILLUSTRATION DE LA TOUTOUNE QUÉBÉCOISE

Données de catalogage avant publication (Canada)

Allard, Francine
Défense et illustration de la toutoune québécoise
ISBN 2-7604-0389-0
1. Femmes obèses - Humour . 2. Obésité - Humour.
3. Régimes amaigrissants - Humour. I. Titre.
PN6231.02A44 1991   616.3' 98' 0082   C91-096726-1

Photo: Jean-Marie Bioteau
Conception graphique: Olivier Lasser

Ce livre est imprimé sur
du papier contenant plus
de 50% de papier recyclé
dont 5% de fibres recyclées.

ISBN 2-7604-0389-0

Dépôt légal: troisième trimestre 1991

IMPRIMÉ AU QUÉBEC (CANADA)

Francine Allard

DÉFENSE ET ILLUSTRATION DE LA TOUTOUNE QUÉBÉCOISE

Préface

 a supertoutoune, édition de luxe à un seul exemplaire.

Toutoune partout parce que gourmande de tout, débordante d'amour et de talent, elle consomme avec autant d'appétit que de discrimination toutes les nourritures terrestres.

Avec fantaisie, humour et conviction, elle manie le pinceau et le stylo. Ses tableaux, ses phrases et ses petits plats ont une saveur truffée de trouvailles, épicée d'humour et farcie de bon sens.

Fantaisiste et non farfelue, folâtre et non folichonne, c'est par son rire profond et tonitruant qu'elle se libère de ses humeurs peccantes.

Si elle vous embrasse, c'est pour vous étouffer de tendresse; dans sa jolie bouche charnue, le mot *amitié* prend des résonances wagnériennes.

Ses outils de travail — le téléphone, la cafetière et la machine à écrire — font mieux de se bien tenir.

Levée tôt, elle a vite préparé le petit déjeuner et expédié les trois enfants à l'école, puis elle s'est attablée avec son mari pour se sustenter en prévision d'une journée bien remplie. Sa petite famille dûment en route vers son destin journalier, notre boulotte se met au boulot.

En un tournemain, les chambres et la vaisselle sont rangées. Grâce au nouveau système d'appels en attente et de conférence à trois, elle répond à six appels à la fois, puis noircit une dizaine de pages de son petit cahier bleu, commence une aquarelle pour sa prochaine exposition et apprend sans rechigner la visite inattendue d'une connaissance qui s'ennuie.

Il peut arriver parfois qu'on se sente étouffer entre ses bras vigoureux. Il faut alors savoir se dégager de l'étreinte avec fermeté.

Parlons de sa voix qui fait tressaillir de joie les mânes de Wagner. Ah! la belle walkyrie!… qui rit à gorge déployée à la seule pensée qu'elle pourrait devenir une prima donna. C'est qu'elle a des goûts éclectiques et ne s'imagine guère vocalisant à cœur de jour.

Ma grassouillette amie ne perd jamais de vue sa marginalité, qu'elle accepte avec une philosophie remarquable… littéralement!

Elle devance les quolibets des autres en riant de son obésité. Ainsi, un beau matin, en sortant de sa voiture, elle est soudain interpellée par un agent:

— Madame, vous ne pouvez pas stationner ici. C'est un espace réservé aux handicapés!

La délinquante répond avec un sourire désarmant:

— Mais oui, monsieur l'agent. Mais, d'après vous, ne suis-je pas justement très handicapée?

Elle a réponse à tout, la belle toutoune, et elle voit tout. Certains craignent son franc-parler, plusieurs l'envient pour sa culture, sa belle famille, son beau visage, ses talents multiples et surtout pour sa joie de vivre.

Car tous ces dons réussissent à percer la lourde chair et à mettre à jour un esprit

agile et chaleureux qui se bat farou-
chement pour la justice et l'avancement
de son milieu.

Souhaitons longue vie à cette merveil-
leuse toutoune. Pour qu'elle demeure
longtemps dans la terrestre réalité, rap-
pelons-lui, rappelons-nous que c'est par
la santé et non par la fourchette que l'on
peut conquérir le monde. Au lieu d'être
écrivains «la serviette au cou» et la bouche
pleine, faisons échange de bons mots
plutôt que de riches recettes et «disons-
nous quelques fruits à l'oreille» (Robert
Sabatier).

Claudine Thibaudeau

Au docteur André Jacques
pour l'inspiration
Au docteur Michel Cardin
pour son soutien

Mise en garde

e livre est écrit par une spécialiste profondément éprise de son sujet, parfois joyeuse ogresse à qui le mot *obèse* répugne. Parce que «obèse» rime avec «baquèse» et que, dès lors, on donnerait dans la vulgarité, elle a choisi plutôt un langage truffé d'euphémismes en ergotant sur le mode de la toutounerie.

Cette quasi-science de la boustifaille n'a d'égale que le besoin omniprésent de se sustenter avec grâce. Les choix hypercaloriques sont faits en pleine connaissance de cause et notre gastronome fait ripaille avec élégance.

Le nom *toutoune* se veut gentil et se dissocie totalement du rôle qu'on lui donne au sein du théâtre québécois.

L'emphatique «grosse toutoune» du théâtre ou de la télévision chez nous n'a rien de très valorisant. L'auteur l'a adoptée tout de même. «Toutoune» est un diminutif (pour une fois!) et «toutounet», son équivalent masculin, est un terme plus charitable.

Ceci dit, il importe de voir en cet ouvrage un hymne à la gastrolâtrie plus qu'à la maladie de l'obésité. Mi-sérieux, mi-moqueur, il tente de faire la lumière sur un personnage haut en couleur que notre société affuble de quolibets culpabilisants.

La toutoune et le toutounet **ne sont coupables que d'amour!** Ils aiment la vie, le rire, le monde; ils sont des amis, des confidents, des confesseurs; ils sont d'excellents noceurs, de formidables parents, de fidèles amants et d'inégalables dispensateurs de tendresse.

L'auteur se sera mis, elle peut en être assurée, toute l'industrie du maigrissage en tablette, en poudre ou en injections sur le dos. Mais elle a le dos large et ce n'est pas demain la veille qu'elle se laisse-

ra convaincre par ces marchands de rê-
ves. Depuis quand rendrait-on quelqu'un
heureux en lui **retirant ce qu'il aime le
mieux?** Fichtre! Que notre société redon-
ne sa place enfin à la **toutoune**!

À bons ripailleurs, port-salut!

Francine Allard

Le suis-je?

 association des diététistes claironne qu'est considérée comme obèse toute personne **qui affiche un surplus de 10 % de son poids idéal.**

Si l'on se fie à l'allégation de ce groupe de professionnels qui se croit obligé de justifier son existence, nous sommes quelques millions au Québec à devoir nous surnommer des **toutounes** et des **toutounets.**

Dans cet ouvrage, nous décrirons surtout les tenantes de la ligue majeure, non pas les petites bedonnantes qui culpabilisent devant un gâteau au chocolat! Surtout pas!

Nous parlerons des vraies toutounes: celles qui font trembler l'échelle Richter sur leur passage, celles qui doivent consolider leur plancher avec une poutre supplémentaire, celles qui restent coincées dans le tourniquet chez Steinberg, celles qui doivent se hisser sur la cuvette de la toilette pour réussir à fermer la porte dans un 747, celles qui n'entrent pas dans un sac de couchage, qui débordent d'un lit simple, celles qui doivent mettre deux jaquettes d'hôpital: une en avant et une… en arrière, celles qui ne peuvent pas s'attacher en voiture, qui s'effondrent avec la chaise Ikea, celles qui ont besoin d'une rallonge de ceinture dans un avion, celles enfin qui ne cadrent nulle part, qui n'entrent nulle part entièrement, qui débordent de tous leurs nombreux attributs. **Les vraies toutounes, quoi!**

Il y a les toutounes icebergs. Ce sont les plus étranges. Le tiers supérieur de leur anatomie ne laisse rien présager.

Derrière une table, elles passent inaperçues. Tout est situé dans le bas!

Les toutounes tablettes, quant à elles,
se véhiculent sur de petites jambes, des
cuisses proportionnées, mais préparent
leur arrivée par une ambassade repré-
sentative: une poitrine tellement énorme
qu'elles doivent cambrer les reins ou encore porter des souliers de plomb pour
ne pas basculer vers l'avant. C'est vrai!
Nous en connaissons tous!

Les toutounes honnêtes qui portent
franchement leurs surplus sur tout le
corps ne trompent personne. Grosses tout
le tour, elles ne créent aucun faux espoir.

Qu'elle soit de la forme d'une poire
ou d'une plate-forme de forage, notre su-
perbe amie ne fera pas d'histoires si on la
laisse tranquille.

Mais, il y a toujours cette voisine mer-
veilleuse qui n'en rate pas une; ou cette
belle-mère anorexique qui sert à son imposante bru une salade de thon lors du
souper de Noël; ou cette courageuse et
vaillante serveuse qui, sûre d'elle, dira:
«Vous, vous ne prenez pas de pain, je
suppose!»

Tant de bonnes gens veulent aider la
toutoune à se **normaliser**, à se confor-

mer, à joindre les rangs centiles, à diminuer sa différence.

On la souhaite mince. Pourquoi? Parce qu'on sait que son état n'est pas souhaitable pour sa santé? Parce qu'on a pitié d'elle et qu'on l'aime? Allons donc!

La toutoune n'est pas plus en danger que la maigrichonne cardiaque ou l'athlète qui souffre d'anémie pernicieuse ou encore de cette étonnante (la liaison est de mise...) mannequin qui «contracte» une MTS... Il y a plus de maigres au volant qui meurent dans un accident que de toutounes étouffées dans leur graisse. Jamais la toutoune attitrée ne mourra de froid et elle est isolée R-40 contre l'hypothermie s'il advenait qu'elle tombe dans les eaux glacées de Sainte-Anne-de-la-Pérade.

Qu'on se le tienne pour dit! Après tout: «*Potius moriquam foedari*[*].»

Laissons-la donc vivre sa vie de toutoune et profitons de ses largesses puisqu'elle ne vit que pour partager et donner.

Il ne faut pas oublier de faire la différence entre la belle toutoune qui possède un visage raphaélien serti de beaux yeux brillants... et la pauvre replète que la

---

[*] «Plutôt mourir que de se déshonorer.» Anne de Bretagne.

nature n'a choyée d'aucune manière. Cette dernière devra jouer d'adresse pour obtenir ses lettres de créance.

Mais il ne faut pas oublier qu'à l'angélique rondouillarde on ne sera pas tenté de pardonner. «Si c'est de valeur, elle est si belle!» s'exclamera-t-on.

Dans un cas comme dans l'autre, la toutoune a beaucoup à faire pour prouver, sinon sa supériorité, du moins son égalité sociale.

Ne pourrait-on point laisser tomber l'emballage et se délecter du précieux trésor qu'il contient comme on le fait avec le chocolat si bien enveloppé?

Tous, nous pourrions aller vers l'essence véritable des gens. Mais seule notre toutoune a compris cela et opte pour la tolérance… et la jouissance.

L'obésité cérébrale

**B**eaucoup de gens sont victimes d'une obésité encore pire que celle qui atteint le corps. Nous parlons de **l'obésité cérébrale**, engeance par laquelle ils prouvent qu'ils sont, comme se plaît à le signifier une expression régionale, **épais!**

Ce genre d'obésité touche le personnage dès sa tendre enfance et le suivra jusqu'à son ultime vieillesse. Nulle diète ne saura jamais l'en libérer.

Aucun exercice physique ne saura alléger le cerveau de l'épais!

L'obésité cérébrale se distingue claire-
ment de la débilité mentale par le fait
qu'elle est surtout caractérisée, chez un
être d'intelligence normale, par un manque d'ouverture d'esprit et causée par
une hérédité environnementale.

Ainsi, on ne peut pas plaindre une
personne atteinte d'obésité cérébrale, on
ne peut qu'être accablé par elle (surtout
que le nombre est en croissance) car elle
est de ceux qui ne comprennent rien de
l'obésité pondérale.

Elle ne sait apprécier que l'enveloppe
extérieure des gens, sans même voir le
génie qui s'y cache.

Les obèses sont des êtres généreux
et, somme toute, heureux de vivre. Les
épais, eux, ne savent même pas que le
bonheur existe!

Il ne faut pas nier que l'on puisse être
obèse **et** épais à la fois. La combinaison
des deux formes d'obésité donnera un
individu terriblement handicapé qui sera
un poids épouvantable pour la société.

Je ne souhaite à personne ce karma!

Mais on ne peut que se prosterner devant un obèse vif d'esprit, audacieuse-
ment ouvert et hautement compréhensif.

L'obèse physique, qui regorge de
talents, est un être magnifique. Il ne lui

manque que d'être apprécié à sa juste valeur par les obèses mentaux.

Et puis, l'obèse physique peut, quand il le jugera à propos, entreprendre de diminuer l'étendue de son enveloppe charnelle.

L'épais ne pourra jamais décider de devenir plus brillant!

Notre toutoune peut, en toute quiétude, apprécier son sort et se réjouir d'avoir un esprit à la mesure de sa carcasse!

Rien de pire au monde que l'obésité cérébrale pour ralentir le progrès!

Vive les obèses!

À bas les épais!

La grosse femme d'à côté...

(ou la toutoune inconsciente)

u cours des siècles, il y a eu diverses classes de toutounes. Les grosses dames peintes par Bruegel et ses congénères sont soit des paysannes, des marchandes ou encore des femmes... mariées. Nous y reviendrons. Plus près de nous, les célèbres plantureuses offertes en pâture aux amateurs de théâtre sont des belles-mères autoritaires ou des voisines intolérantes. Les autres qui fréquentent les studios de télévision sont professeurs d'art culinaire

ou se réfugient dans l'écriture… invisibles derrière des personnages maigrelets.

La toutoune inconsciente ne nous en voudra pas, elle est inconsciente.

Souvent boulimique, elle mange n'importe quoi, se gorge de calories vides, engouffre des mets huileux, graisseux, sans discerner ce qui est bon pour elle du reste.

Elle mangeotte et pignoche à toute heure du jour, refusant d'admettre ses nombreuses collations.

La toutoune inconsciente est celle qui proclame ne manger presque rien! ou qui accuse, comme seules coupables, ses glandes qui seraient hors d'usage!

Elle revêt des chandails étroits, souvent moulants et trop courts, pour recouvrir sa ventripotence, des pantalons en «crêpe *knit*» à motifs en bas-reliefs, de grosses savates pour épouser ses pieds larges comme des chaloupes à rames.

Chez elle, aucune féminité. Elle a, pour ainsi dire, abandonné la partie. Elle tire sa chevelure en une minuscule queue de cheval ou, encore mieux, porte les cheveux très courts, laissant à sa nuque, crevassée de profonds sillons, une visibilité inconvenante.

Arnachée de rouleaux sur le crâne, elle sort héler son petit dernier qui tarde à venir souper.

Souvent, on l'aperçoit, accoudée au rebord de sa fenêtre, rue Saint-Denis, en train d'observer la foule qui circule comme le font les bulles de lait fouetté au chocolat dans une paille, pense-t-elle.

Sur elle, aucun médecin, aucun régime amaigrissant, aucune émission à but diététique n'aura prise. C'est la commère, raconte-t-on, bourreau de mari et d'enfants, celle qui impose son autorité à coups de rouleau à pâte, infatigable complice des tartes au sucre qu'elle confectionne à l'avenant.

On la reconnaît aussi par une lignée de rejetons baquets et rondouillards, tout aussi imperméables qu'elle aux discours des diététistes à la mode.

Elle est l'inconsciente, la non-voyante de la toutounerie!

Je pourrais tout aussi bien appliquer les mêmes théorèmes aux bedonnants papas, sauf que, pour eux, ce n'est **pas la même chose, voyons!**

Les hommes gras sont cousus de muscles et de fascia. Leur force colossale n'a rien à voir avec les adipeuses inélégances qui arrondissent leur silhouette. Ce qui, chez la femme, est sans contredit un bourrelet devient, chez l'homme, une poignée d'amour.

Une amie à moi a abandonné un époux médecin, bel homme bien fait et d'une vaste culture, pour aller vivre auprès d'un bonhomme pauvre, énorme, fat et malhonnête comme pas un! Ce n'est pas tant son action qui est pour le moins incompréhensible mais... si un homme, un seul sur cette planète, quittait sa femme, belle et intelligente, afin d'aller roucouler auprès d'une énorme mammifère en guenilles, peut-être alors...

Nos téléromans nous présentent souvent de jolies jouvencelles agrippées aux flancs équarris d'un type du genre Pavarotti. Pourquoi ne verrait-on pas le jeune Ovila Pronovost amoureux fou d'une boulotte câline? Pourquoi pas, verrat!

Si Michel Tremblay, Victor-Lévy Beaulieu, Jacques Languirand ou Marcel Dubé avaient été conséquents avec leur talentueux embonpoint, les toutounes dans leurs pièces auraient brillé avec plus d'éclat.

Ont-ils seulement connu l'abondance de la tendresse capitonnée? Ou l'amour exalté d'une corpulente maîtresse? Sa chaleur? Sa gaieté (même cela!)? Sa fidélité (évidemment)? Même Mesdames Payette, mère et fille, n'ont pas dans leur écriture de considération pour leurs sœurs. Le téléroman *Les dames de cœur* s'est vu balayé par un vent de débauche amaigrissante.

Tout à coup, ces dames, gênées par la rondeur qu'offre la télévision, sont redevenues, dès le septembre suivant, sèches comme des fagots, presque faméliques afin de plaire à leur Jean-Paul respectif.

C'est très choquant pour les téléspectatrices. Même les auteurs rondouillards n'ont aucune affection pour leurs semblables.

Chez la gent masculine, la carrure impose le respect, la bedaine attire les gentilles taquineries et si, en plus, le gros lard est du genre intelligent, alors là! on se bouscule à l'entrée.

Chez la gent féminine, le spectre de la femme vaporeuse, attirante et sensuelle ne cesse de hanter les couloirs de la beauté et de l'amour.

À quand le véritable corps à corps? la véritable égalité des sexes?

La toutoune
et la santé

«Elle se mit à rire. Ses grosses joues,
son double menton et son opulente
poitrine la faisaient ressembler à un
douillet édredon de duvet, moelleux
et accueillant.»

Jeanne Bourin
Les pérégrines

 amais l'idée ne me viendrait de
décourager tous ceux ou celles
qui ont l'intention de souffrir un
régime de bananes ou de pamplemousses dans le but louable
de diminuer leur tour de taille et

aussi leurs chances de mourir de maladies cardiaques.

De nombreuses lectures sur le sujet
nous apprennent que la maladie croît
avec l'usage. Le diabète, l'asthme, les
maladies cardiaques, certains cancers qui
aiment manger gras, sans compter les
pertes de cheveux ou de poils ou, pire,
une libido carentielle... sont les affres
qu'entretient la toutounerie.

«*Mens sana et corpore sano*», disait le
phallocrate Juvénal (puisque, à son
époque, les Jeux olympiques ne s'adres-
saient qu'aux hommes) et c'est sûrement
vrai. Mais il y a eu aussi «*Minima de
malis*», qui signifie: «Des maux, choisir les
moindres» (Phèdre).

Chez la toutoune, l'équilibre émo-
tionnel va de pair avec son ingestion de
calories. Ce besoin une fois comblé, elle
sera cette perle que nous connaissons.
Dès que, devant elle, s'alignent laitues et
céleri, frugales agapes pour moines
bouddhistes, la toutoune se morfond,
s'irrite, puis perd sa joie de vivre si essen-
tielle à son entourage.

**Elle meurt, quoi! Elle meurt du
cœur quand même!**

Les bénificiaires de l'enviable minceur ne comprennent pas les compensations qu'offrent les aliments pour une toutoune en souffrance.

Quels délectables remèdes! La nourriture absorbée à chaque moment de stress ou de bonheur lui prodigue une sérénité exemplaire. Toutes les occasions lui sont bonnes pour s'accorder ces petites récompenses. Durant ce temps, on jase, on rit, on mâche **tout en chagrinant**. La preuve est faite! Pas de dépressions chez les toutounes. Pas de suicides (ce serait trop long). Que du rire, de la chaleur, de l'abnégation... pourvu que le réfrigérateur déborde!

La toutoune déteste sans appel tout chafouin qui refuse de partager avec elle une petite récompense alimentaire sous prétexte qu'il ne veut pas engraisser. D'ailleurs, avez-vous remarqué? les «pôvres» échalas perdent le goût de la pomme dès qu'un pépin survient.

De la joie? Même alors ils sont incapables d'avaler quoi que ce soit.

Ça bloque, disent-ils.

De la peine? Gosier étroit, ils préfèrent s'abstenir!

Voyez-vous ça! Haro sur les appareils digestifs névrosés!

Ainsi, nous pourrions aisément affirmer que l'allure d'une personne est une question d'émotions et d'attitudes compensatoires. Cercle vicieux.

Les gros se réjouissent! Les maigres se punissent! Donc, la toutoune est placée devant deux maux: ou elle se meurt d'un excès de cellules adipeuses qui étouffent son génie, ou elle crève de peine en broutant de la salade. Le juste préférera sans doute une interlocutrice sustentée, joyeuse et de bonne compagnie. VAUT MIEUX ÊTRE GRAS ET ENCHANTÉ QUE MAIGRE ET MAUSSADE!

La toutoune et les régimes

«C'est ennuyant de manger à sa faim
car aussitôt on n'a plus faim.»

Alexandre Dumas

 e lecteur de tout format comprendra qu'il n'est nullement question ici d'analyser scientifiquement les formes et contenus des différents régimes amaigrissants, ni de démentir les gentils charlatans qui pourraient éventuellement utiliser la bonne pâte qu'est notre toutoune pour la faire entrer dans le moule du cinquantième centile.

Je ne suis pas une spécialiste mais une utilisatrice de ces nombreuses diètes, ce qui équivaut, je crois, à une forme de jugement plus honorable.

Toute toutoune qui se respecte a, au moins 100 fois dans sa vie de mangeuse impénitente, entrepris de s'astreindre à un régime amaigrissant. Car, parlons juste: une toutoune engraisse parce qu'elle mange plus qu'elle n'élimine!

Inutile de continuer à lire cet ouvrage si vous ne croyez pas à ce principe établi. Les maladies glandulaires sont rarissimes, même si elles sont maintes fois évoquées comme alibi...

L'hérédité a pour sa part presque toute la responsabilité, non point sur le simple plan génétique mais sur celui de l'approche alimentaire. Mange-t-on à la maison de la tourtière au sirop d'érable ou des œufs à la confiture de bleuets? Abuse-t-on des gâteaux et du chocolat? Donne-t-on des récompenses abondamment illustrées de calories vides aux jeunes enfants? Les prive-t-on de dessert s'ils n'ont pas terminé leur purée de rutabaga? Grignote-t-on avant d'aller au lit? Passe-t-on des heures avachis devant le téléviseur au lieu de vider ses cellules adipeuses sur la patinoire de l'école?

Les mauvaises habitudes prises lors de la jeunesse constituent le plus solide **plan de carrière en toutounerie** qu'on puisse envisager. Et comme la peau de la toutoune est en quelque sorte son bouclier, «une cuirasse qui lui permet à la fois de construire son ego et de s'ouvrir sur l'extérieur[*], le monde n'est pas prêt à se passer de cette espèce en voie de disparition (puisque nombreux sont les disciples du dieu Minceur qui cherchent à la faire maigrir) que constituent les personnes rondes et pleines. Les obèses rassurent quant à l'abondance d'une société. Ils et elles sont le port d'attache, l'exemple même d'une race qui apprécie la vie, le monde… De façon générale, les toutounes, et les mâles de même espèce, ne fréquentent pas les psys de tout acabit; ils ne sombrent pas dans la psychose ou la folie, justement parce que leur structure mentale est beaucoup plus solide.

Pour cela, ils doivent accepter de bien vivre dans leur peau, qu'ils y soient à l'étroit ou non.

---

[*] Dominique Vauthier, revue *VSD*, mars 1989.

À partir de ce moment, que Dieu les bénisse!

C'est pour cette raison déculpabilisante que je parlerai des régimes amaigrissants. Ils servent essentiellement à éliminer le remords et à mieux apprécier la suite du banquet.

1 — Les souffrances solitaires

Le régime de bananes

Coût	Degré de difficulté
$	➴ ➴ ➴

Fruit rempli de potassium et de multiples vitamines, la banane, employée avec d'autres aliments, demeure la grande proscrite. Elle est source de calories à un tel point que la plupart des régimes la mettent à l'index afin de, bien entendu, nous donner un coup de pouce! La banane, la mangue et la papaye sont des fruits gorgés de soleil comme les agrumes qui nous arrivent des pays où, paradoxalement, on compte le moins grand nombre de toutounes. C'est chez nous — qui sommes grands producteurs de baies, de pommes et de fruits sans presque de calories — que l'on compte le plus haut taux d'obèses au monde. Qui l'eut cru!

J'aborbe ici la catégorie des régimes qui ne comportent qu'un aliment. Abrutissant!

L'aspirant à la maigreur devra ingurgiter autant de cet aliment unique que son appétit en réclamera, mais seulement cela! Bananes **ou** pamplemousses **ou** riz à volonté.

N'importe qui, à la longue, en perdrait son latin. En suivant cette diète, la future ex-toutoune développera une aversion éternelle pour toute banane ou tout pamplemousse qu'elle rencontrera dans sa vie.

Mauvais.

La diète doctorale

Coût   **Degré de difficulté**

$ ➘ ➘

Se croyant tout permis, les tenants de ce régime ne laissent à son usager aucune créativité. C'est la diète doctorale et didactique qu'il faut suivre à la lettre! Lundi, déjeuner: tels aliments, souvent sans goût et sans fantaisie. Dîner: tels autres... tout aussi ternes. Il y a, dans ce livre du régime Scarfwhale (nom déguisé), fait curieux, une diète pour les toutounes riches (menu de luxe) et une autre pour les pauvres (menu économique)! et encore une pour les végétariennes... Toutes maigrissent. Le «perdez 8 kilos en 15 jours» donne l'impression qu'à partir du seizième jour... on doit cesser de suivre la diète. C'est donc un régime pour maigrichons temporairement enrobés.

Chassez le naturel, il revient au galop, même péniblement... et on conserve sa culotte de cheval!

Bon régime pour les poids plume qui veulent perdre rapidement sept kilos superflus. Ligue mineure de la toutounerie.

Hit for life

Coût   **Degré de difficulté**
$ 🐜 🐜 🐜 🐜

Un drôle de couple américain ima-
gina un jour que la toutoune, après en
avoir rêvé toute la nuit, pourrait ne rien
avaler avant midi ct, arrivée à ce moment
tant attendu, ne grignoter que des fruits
frais et des salades. À jeun depuis 20 h la
veille pour permettre l'assimilation, elle
devra suivre des dizaines de recettes afin
de cuisiner les plats exotiques et essen-
tiels à cette étrange diète.

Ce Monsieur et cette Madame Diamond, joyaux de la société américaine,
avaient de grandes ambitions lorsqu'ils
entreprirent de chambouler les habitudes
alimentaires de leurs congénères, d'autant plus qu'ils ont oublié un aspect fondamental: les toutounes sont de joyeuses
drilles et aiment la vie sociale. Comment
alors les Diamond croient-ils qu'on puisse appliquer leur régimc dans cette
société dont les membres aiment dîner
en bande et où l'acte de se nourrir est un
événement de partage?

Ne rien bouffer avant midi alors que, dès potron-minet, les toutounes et les toutounets songent déjà aux beignes et café qu'ils dégusteront vers 10 h et à ce charmant estaminet qui fabrique les meilleures crêpes en ville? Vivre seul? Nenni. Vaut mieux songer à autre chose.

Les piqûres

Coût	**Degré de difficulté**
$ $	⋏ ⋏ ⋏

L'Épicure — pardon! — les piqûres sont essentiellement conçues pour les masochistes qui trouvent en ce moyen de diminuer leurs mensurations **une voie expiatoire.** Elles ont l'impression qu'en souffrant, le souvenir fera durer la flamme de la motivation. L'enzymucase ainsi transférée dans le cadran supérieur de la fesse aura pour effet de donner l'heure juste et d'aider la cellule engraissante à refuser dorénavant toute substance qui tenterait de la f... bourrer!

L'injection pourrait être composée de H_2O car, ainsi utilisé, le placebo aura le même effet sur la toutoune récalcitrante puisque seule la **douleur** ainsi causée saura la rappeler à l'ordre.

Telle une passoire, la toutoune ainsi traitée aura quand même l'avantage de bénificier de l'attention d'un disciple d'Esculape et le bonheur (hum!) d'être suivie de près. Seul avantage.

Acupuncture, rayon laser
et hypnothérapie

Coût   **Degré de difficulté**

$ $ $ $

Tous les moyens sont bons pour atta-quer sans réserve notre bonasse tou-toune. Elle, qui a bonne bouille et bon caractère, n'y verra que du feu!

Farfouiller dans son subconscient serait une aventure périlleuse pour l'hypnologue; il y risquerait peut-être sa vie... car, la toutoune voyageant par ses soins au pays de son enfance pourrait décider tout à coup de s'asseoir sur les genoux de tonton Georges! Dramatique fin de carrière pour un hypnologue!

Les aiguilles orientales et les rayons laser, quant à eux, réussiront-ils leur mission de traverser l'épaisseur de son épiderme afin de pénétrer profondément au cœur du problème?

Inutile de souffrir, il faut toujours guérir à point.

Voilà. À proscrire!

Les milk-shakes *et tablettes de chocolat diététiques, les protéines...*

Coût   **Degré de difficulté**

$ $ $ $ ↘ ↘ ↘

Remplacer les aliments préférés de la toutoune par d'horribles succédanés, quelle honte!

Leur eut-on donné la forme d'un céleri ou d'une carotte, ils auraient été plus convenables et bénéfiques pour la toutoune! Mais non! Pour lui rappeler sans cesse qu'elle doit payer pour ses péchés de gourmandise, les marchands d'amaigrissement offrent leurs produits sous forme de tablettes de chocolat, de laits fouettés, de potages et de *puddings*. Dès lors, la toutoune peut entretenir l'illusion qu'elle se nourrit d'interdits et qu'elle amincit en même temps.

Mais où s'instaure la bonne habitude? Comment enseigner à la toutoune que plus jamais elle ne devra même oser regarder une tablette de chocolat?

Oseriez-vous retirer à un bébé sa sucette et, pour compenser, lui offrir des biscuits en forme de sucette? Cruauté mentale. Absolument!

Cela me fait penser à tous ces végétariens qui, se punissant presque en ne mangeant pas de viande, se fricotent des hamburgers au tofu, des ragoûts de boulettes au millet et du faux saucisson de bologne à la farine de pomme de terre. Pourquoi? Pourquoi est-ce si difficile d'être différents des autres? Pourquoi ce besoin de donner aux mets végétariens l'allure de plats de viande? La marginalité est-elle à ce point difficile à assumer?

Je crois, dans la même ligne de pensée, que si la toutoune ne doit plus manger de chocolat il vaut mieux qu'elle l'oublie à jamais!

À proscrire.

Le prêt-à-manger

Coût   **Degré de difficulté**

$ $ $ $ $

Une façon de plus en plus populaire de réduire la densité corporelle d'une toutoune est de lui offrir un service d'hôtellerie à domicile. Génial, non? Sa volonté flanche lorsqu'elle cuisine des frites pour ses enfants ou un spaghetti pour son conjoint? Qu'à cela ne tienne! On préparera les 21 repas de sa semaine. Toutes les calories sont comptées pour elle; elle n'a qu'à faire réchauffer et à manger...

Mais qu'adviendra-t-il de la cuisinière amateur dès qu'elle se remettra à son sport préféré: les côtelettes de veau à la normande à la crème et au citron?

Cette méthode éloigne la toutoune de la vie sociale qu'elle adore. C'est déplacer le problème.

Trop onéreux. Non!

L'embrochage des mâchoires

Coût

$ $ $ $ $ $ $ $ $

Degré de difficulté

➴ ➴ ➴ ➴ ➴

La plus cruelle des méthodes, et certes la plus étrange, est celle qui consiste à museler la grande mangeuse. Il s'agit d'appliquer des broches solides à ses dents afin d'empêcher la toutoune d'ouvrir la bouche. Ce n'est rien à côté des femmes Mahougalowi dont le cou est étiré à l'aide de multiples colliers d'argent jusqu'à ce qu'elles ressemblent à des girafes!

Imaginez que les habitants du tiers monde apprennent que des femmes en Amérique doivent s'attacher les mâchoires pour **ne pas manger!**

J'ai connu une toutoune imprudente à qui un médecin a ficelé ensemble ses deux rangées de dents. Elle devait s'alimenter avec de la nourriture en purée à l'aide d'une grosse paille. Elle a réussi à concocter des mixtures tellement pleines de calories que, au bout de six semaines, elle avait engraissé d'un kilo et développé des diverticules aux intestins!

Le génie n'a pas de limite! La folie non plus!

À proscrire.

La chirurgie de l'estomac

Coût	Degré de difficulté
$ $ $ $ $ $ $	*Nul*

Une autre drôle d'idée! Le chirurgien procède au rapetissage systématique de l'estomac de sa cliente.

Ainsi réduite à manger comme un petit poulet, la toutoune commencera par récupérer de cette habile chirurgie en perdant une dizaine de kilos encourageants. Si une infection de plaie ne la laisse pas clouée à un grabat, elle gardera en mémoire le cliquetis des scalpels et des boyaux anesthésiants... et ce n'est que du bout des lèvres qu'elle pignochera, telle une grande dépressive. Perdra-t-elle en même temps sa bonhomie? sa joie de vivre? Elle maigrira pour sûr, mais dans quel état sera-t-elle après?

Bien réfléchir... avant d'y recourir.

Moyens drastiques:
lipectomie et liposuccion

Coût	Degré de difficulté
$ $ $ $ $ $ $ $ $ $ $ $ $	*Ouf!*

Lorsque le Guy Scully de l'époque demanda à Rodin comment il sculptait ses si belles statues, il répondit: «Je prends un bloc de marbre et j'enlève ce qu'il y a de trop.»

Ah! la pauvre toutoune! Lorsqu'il ne restera plus que ce moyen à envisager et qu'elle en aura justement les moyens, elle pourra subir cette délicate intervention chirurgicale qui consiste à sucer littéralement, à l'aide d'un aspirateur, les tissus adipeux qui ornent sa silhouette, comme on dégraisse une oie avant de la faire cuire.

N'allez pas croire que cela se fait sans efforts de la part de la parturiente! Elle doit d'abord perdre le plus de poids possible à l'aide d'un des régimes dont j'ai fait état, puis espérer que le chirurgien pourra faire le reste pendant que l'anesthésiste endormira les rêveries de la polytraumatisée.

Et si, par chance, la toutoune se réveille après la longue intervention, elle devra éviter d'attraper un rhume qui pourrait alors la transformer en éclat d'obus puis en tranche de foie de veau.

Le coût de l'opération étant proportionnel au savoir-faire de l'artiste et à son talent pour la reconstitution, la toutoune a intérêt à avoir la bourse aussi lourde que son avant-train: ce sont quelques milliers de dollars qu'elle devra investir. Il est juste de dire ici que le chirurgien **aura sa peau!** Très douloureuse, cette méthode comporte un désavantage: ne jamais reprendre du poil de la bête!

En effet, la peau ainsi retendue par l'expert en dégraissage ne supporterait pas d'être à nouveau, tel un ballon baudruche, regonflée à bloc.

À conseiller aux toutounes affublées d'une extrême paresse ou aux masochistes entêtées.

2 — Les souffrances collectives

Les classes de toutounes WW

Coût   **Degré de difficulté**

$ $ ⌁ ⌁ ⌁

L'application de tous les régimes ci-avant énumérés dépend d'une motivation solitaire et personnelle.

La pesée hebdomadaire sera faite par le médecin ou le professionnel traitant ou par une infirmière qui sache appliquer, elle aussi, un mouvement de va-et-vient à la castonguette. Comme la récidive chez les obèses est de 86 % environ, ces soignants ne sont pas près de faire faillite. Leur entreprise est on ne peut plus lucrative.

Mais la perte de poids **collective** telle que préconisée par WW n'est pas à négliger. Il faut que la toutoune aime les classes de maternelle. Elle sera pesée par une autre toutoune ou ex-toutoune et sera entretenue par une conférencière tout aussi toutounesque.

Le succès de ces adeptes WW tient dans un principe fondamental: la thérapie

de groupe. Les applaudissements enthou-
siastes dès qu'il y a perte de poids en
constituent le principal rituel.

Le plus impressionnant, c'est lorsque
l'animatrice (toujours, car les hommes se
tiennent loin de ces classes), compilant
les pertes de poids, claironne: «Cette
semaine, **nous** avons perdu cinquante-
huit kilos!» Une toutoune a disparu en
une seule semaine! Vous rendez-vous
compte de l'impact d'une telle allégation
sur la motivation de la classe?

Mais, je le rappelle, il faut aimer ce
genre de manifestations publiques et les
bains de foule, ce que la toutoune abhorre habituellement.

Ce mouvement, même s'il offre une
diète très équilibrée, est très permissif.
On peut tout manger à condition de faire
certaines substitutions. C'est là le danger!

Avec la toutoune, mieux vaut jouer
d'adresse! N'oublions pas que c'est une
tricheuse née. Et si elle a le droit de tout
manger à condition de remplacer certains
aliments… elle risque de tout manger,
justement!

Comme la motivation tient souvent à
un petit détail, WW a trouvé le truc: vous
devrez payer même si vous n'assistez pas

à la classe, et cc jusqu'à ce que vous ayez atteint le poids fixé lors de votre inscription.

Le génie des WW, c'est que, dès lors, vous devenez membre pour la vie et ce sera gratuit pour vous **si vous restez à votre poids normal.** Génial. Ainsi, la toutoune qui a un budget douloureux devra s'abstenir!

Le marketing du «maigrissage»

**C**es méthodes, régimes ou diètes connaîtront le succès que leur apportera un marketing bien senti. La façon la plus populaire consiste à utiliser de célèbres toutounes vedettes qui, en perdant quelques kilos avec telle méthode ou telle autre, feront la gloire du produit amaigrissant.

Plusieurs de ces mêmes vedettes ont souvent, par le passé, fréquenté les sombres dédales des palais de justice pour avoir donné à d'innocentes toutounes d'horribles espoirs déçus. Leur motivation est très compréhensible. Qui n'accepterait pas de perdre 25 kilos en échange d'un fastueux salaire de plusieurs milliers de dollars?

Il faut bien mettre du beurre sur les épinards après tout!

On se sert des toutounes témoins, qui, à pleines pages, étalent leur énorme AVANT puis leur élégant APRÈS dans le but mercantile de vanter un produit miracle.

Essayez ce truc: placez-vous devant une paella regorgeant de fruits de mer appétissants (même les affreux calmars aux tentacules timides activent ces espèces de glandes pavloviennes situées sous la langue et qui font mal de jouissance) et attendez le résultat.

Essayez la même chose devant une tablette de «nourri-diète» à saveur de chocolat! Qu'observez-vous?

Si une jouissance authentique et non commanditée venait à se produire, téléphonez immédiatement à un psy.

Il faut donc une très solide argumentation auriculo-visuelle pour réussir à convaincre la toutoune de se contenter d'une minuscule tablette de pseudochocolat. Où sont les bruits de fourchette si rassurants, la variété de teintes et de coloris, les textures si agréables à percevoir du bout de ses papilles, les crouche-crouche des fraîches verdures et l'accent moelleux des pâ-tis-se-ries?

Est-ce qu'on vante les mérites d'un fouet, d'une nouvelle seringue ou d'un efficace instrument de torture? On annonce pourtant ces produits répugnants en tentant de faire croire aux toutounes qu'ils remplaceront les délices de leurs amours.

Laissons donc le temps nous faire atteindre seul cet ultime objectif qu'est la «mincitude»! Il est, paraît-il, d'étranges résultats **reliés à la résignation.** Dès qu'elle accepte vraiment son enveloppe charnelle et se véhicule dans son énorme carcasse avec élégance tout en donnant à son cerveau plus d'importance que... la cervelle de veau, une toutoune MAIGRIT!

Oui, elle maigrit! On en a vu! Pas des colonies, mais ON EN A VU!

Puisqu'elles ont oublié qu'elles mangent pour oublier qu'elles sont toutounes, elles oublient de manger! Voilà le secret! Il fallait y penser... ou y panser. Sans blague.

L OO NEY
TOUNES

a toutoune n'est pas une personne malade à proprement dit… jusqu'à preuve du contraire. Elle n'est pas non plus considérée par ses collègues et sa famille comme une handicapée! On ne l'excuse pas! On n'éprouve pour elle aucune pitié. «Tu l'as voulu, tu l'as eu!» On aurait plutôt tendance à la considérer bien punie d'avoir tant **joui!** Mais holà! Hého! Les sidéens… ils ont terriblement joui durant leur existence et pourtant on a bien pitié d'eux, on ramasse des tas de séro-dollars afin de leur venir en aide. Et les éclopés de la guerre 39-45? Ils n'ont pas couru après? Pourtant, ne reçoivent-ils pas d'énormes sommes pour leurs si étranges petits porte-clés?

Notre toutoune ne serait-elle point dans son droit, alors, de réclamer des sièges plus vastes dans les avions, des ceintures plus longues, des tables éloignées des banquettes chez *McDonald's*, des tourniquets adaptés à sa large constitution?

Si les toutounes se regroupaient pour sensibiliser l'opinion publique à la discrimination exercée à leur égard, on crierait à l'indécence! à l'abus! «Qu'elles cessent de manger, elles seront **comme nous!**» Voilà l'affaire! Être handicapé, c'est être **comme tout le monde avec quelque chose en moins! Pas quelque chose en plus!**

Souvent, la tentation est forte pour Madame Toutoune de garer sa voiture dans un stationnement pour handicapés. En effet, il est parfois plus pénible à une toutoune de la ligue majeure de se déplacer qu'à une paralytique transportée en chaise roulante par son accompagnateur. Mais essayez donc de faire comprendre cela à une autre sorte d'handicapé: l'agent de police qui ne voit pas votre autocollant bleu sur votre pare-brise. La discussion se terminera, à coup sûr, avec quelque chose comme: «Ma grosse tab…» Mieux vaut marcher et rester digne en toutes circonstances.

Nous devons aussi analyser l'autre aspect de la toutounerie. Une jambe ne peut pas repousser, un visage s'embellir totalement, mais une grosse peut, **si elle le veut**, maigrir.

C'est pour cette raison fondamentale que la toutoune n'est point respectée. Elle peut avoir toutes les qualités morales du monde, elle manque de **retenue alimentaire**.

Les femmes et les hommes de mauvaise vie ne portent pas sur leur corps les preuves de leur manque de retenue, les joueurs de poker, les batteurs d'enfants, les criminels non plus.

Injustice!

Ainsi, nous pouvons affirmer que les toutounes ont vraiment choisi le pire de tous les maux. D'ici que notre société accepte les plus nanties et les plaigne, il y a un monde!

Il faudrait, je crois, que les toutounes commencent par **s'accepter** elles-mêmes et par se respecter entre elles au lieu de toujours prétendre: «L'autre est plus grosse que moi!» Une cohorte de toutounes bien armées de leur fouet... et de leur robot culinaire pourraient **changer** le monde. Une légion de toutounes laissant libre cours à leurs élans de tendresse pourraient **sauver le monde**!

Si seulement on pouvait croire en elles!

Lysistrata devait sûrement peser 100 kilos!

La toutoune et l'exercice

e plus insupportable pour la toutoune de tout gabarit est sans conteste la vue de tous ces pics, de ces ossements à peine enrobés, de ces verts échalas qui s'agitent autour d'elle en joggant, soufflant, suant et souffrant! Quel terrible défi! Quelle ignoble trahison!

La toutoune les observe et les écoute, d'une oreille distraite, parler de ski alpin, de randonnées pédestres dans les Adirondacks (ils ont subi cinq heures de voiture pour aller se crever dans les montagnes américaines et risquer leur vie dans le seul but de poser fièrement le pied sur le médaillon du mont Marcy), de descentes en canot pneumatique «sur la Rouge», de tennis qu'ils pratiquent à 6 h 30, avant d'aller travailler! Insatiables grouillons! Ils ne sont heureux que lorsque leurs muscles souffrent et que leurs articulations craquent!

Ce sont de véritables martyrs de la forme physique. Nous avons appris (et non expérimenté) que c'est lorsque la douleur cesse, lorsque le corps exulte, lorsqu'il se met irrémédiablement au repos que l'athlète connaît vraiment **le bonheur!**

Attention! la toutoune est capable d'apprécier le galbe d'un mollet puissant, la musculature solide d'un biceps, l'agilité d'une bonne raquette. Sans toutefois les envier, elle les admire. Elle, qui ne monte pas un escalier sans gémir de douleur, fondra littéralement d'admiration devant les gracieuses envolées d'une Comaneci, d'une Navratilova ou d'un Ben Johnson même abondamment fertilisé! Mais, les applaudissant d'un œil, notre toutoune terminera lentement sa limonade rose sous un parasol en se disant qu'ils sont bien fous ceux qui se font suer pour être photographiés debout sur une petite boîte de bois avec, au cou, une vilaine médaille à l'effigie de Pierre de Coubertin ou encore de Monsieur Wimbledon! Comme s'ils avaient besoin qu'on les encourage!

Quelle justification peuvent invoquer les inlassables sportifs lorsqu'ils se retrouvent, étendus, sous un choc vagal, écumant de faiblesse, transpirant comme un fer à vapeur qui va manquer d'eau, boitant de douleur ou se recroquevillant les ailes dans une magistrale tendinite? Seront-ils guéris de leur zèle athlétique? Nenni! Ceux qui entourent cette race de dépenseurs d'énergie motrice les gaveront de melon d'eau, de jus, de yaourt et de Gatorade; les masseurs s'agiteront autour de leurs poulains comme des abeilles autour de leur reine, leur dispensant de petits massages bien dirigés à l'aide de baumes revivifiants!

C'est d'ailleurs le seul aspect de la question qui fasse l'envie de notre toutounesque amie.

Que de soins prodigués aux souffreteux pistards dès que leur chair est faible!

On les entoure, on les plaint, on les réchauffe, on les tapote, on les tripote, on leur dit qu'on les aime et... qu'ils

n'auront plus un sou s'ils ne gagnent pas
la prochaine!

La toutoune, qui n'est ni une comba-
tive ni une compétitrice née, préfère sans
aucun doute les caresses et les massages
mais refuse d'avoir à souffrir et surtout de
se faire des ennemis pour cela. Car les
athlètes qui gagnent ont forcément des
ennemis. Cela, la toutoune ne pourrait
pas le supporter. Nous ne le répéterons
jamais assez. Elle adore les gens et ne
combat que pour une cause: l'amour.

L'autre aspect de la question, il ne faut
pas se le cacher, est son incapacité par-
tielle ou totale pour ce genre de compé-
tition. En eût-elle le goût, elle ne **pourrait
pas** se classer pour le 100 mètres-haies (va
pour le 100 m, mais pour les haies…) ou
le décathlon!

Peut-être aurait-elle une petite chance
au lancer du poids, où elle brillerait dans
toute sa splendeur à condition d'être elle-
même l'objet à **projeter.**

Ainsi se contentera-t-elle de mariner
dans le doux bien-être de l'inactivité
physique, ménageant ses forces et **son
orgueil.**

En effet, la verrait-on se pointer,
affichant un dossard tendu sur un maillot

de nylon fin et un short d'un rouge vif que l'assistance se croirait encore aux cérémonies d'ouverture avec les clowns et les amuseurs publics. Grotesque! Non! le sport n'est pas pour notre rebondissante amie.

Est-elle devenue rebondissante parce qu'elle a vécu éloignée du sport? Peut-être. Quoi qu'il en soit, il faut des athlètes, mais aussi des spectateurs pour apprécier leurs ardeurs.

Beaucoup d'activités restent à la disposition de la toutoune pour l'aider à **garder sa forme**: le bingo, les cartes, la lecture, le jeu de puces, le scrabble et bien d'autres encore. Pas de cris, pas de gémissements, pas de douleur, pas d'évanouissements. Que du plaisir, du bien-être et des échanges intelligents entre toutounes consentantes.

Il est surprenant de voir combien ce genre d'exercice peut brûler de calories! Au scrabble, par exemple, on peut, en écrivant le mot *yogourt*, brûler 16 calories (un toast melba) et le mot *w.c.*, 7 calories!

Aux puces, par le simple fait de se lever pour ramasser celles qui se sont égarées, on se verra retrancher 88 calories (une grosse pomme Granny Smith)!

Au bout d'une semaine de jeu de puces, on y aura brûlé 616 calories! Quoi de mieux! Ainsi, en se récréant, Madame Toutoune se consume! Sans flamme!

Elle pourra terminer la journée en regardant, à la télévision, le championnat international de patin artistique et admirer la grâce et le génie chorégraphique du couple Duchesnay. Elle appréciera, sans envie. Elle n'est pas si bête après tout!

La quête
du vêtement

Cachez ce bourrelet
Que je ne saurais voir...

S'il est une excursion que la toutoune abhorre particu-lièrement, surtout par temps de canicule, c'est d'aller s'acheter des vêtements dans les boutiques spécia-lisées.

Les propriétaires de ces foires au leurre connaissent bien leur cliente et, pour la mettre plus à l'aise, n'ont em-bauché que des vendeuses elles-mêmes tenantes de la haute toutounerie, de rebondissantes vendeuses toutes vêtues des toilettes justement offertes sur place.

Ces femmes sont admirablement maquillées, parfumées, crêpées et manucurées. De vraies cartes de mode. Elles connaissent bien le sujet qu'elles doivent habiller. Elles savent pour les mollets forts, pour les fesses majoritaires, pour les poitrines cauchemardesques et les bras enveloppants! Elles savent aussi pour l'orgueil et la susceptibilité! Pour flatter, pour satisfaire, elles savent qu'elles devront offrir la plus petite pointure en sachant très bien que leur ronde cliente n'entrera que dans la troisième plus grande! Elles savent aussi (pas toujours très bien, hélas!) que les lignes doivent être verticales, que les fleuris ne doivent pas être trop gros! que le jaune moutarde et le rouge vermillon sont à proscrire, que les mots *Lambada Club* imprimés sur le T-shirt (on doit dire un gaminet...) d'une toutoune peuvent faire s'esclaffer les malapris... Elles savent qu'une combinaison jolie à la grandeur 14 paraîtra ridicule dans du 26!

Les vendeuses savent enfin que les toutounes veulent plaire et elles feront tout pour les aider dans leurs choix vestimentaires.

Un seul sous-vêtement de soutien
coûtant le salaire d'un avant-midi de
travail, une jupe deux jours, et un imper
la rétroactivité annuelle, notre toutounesque amie devra occuper un poste
bien rémunéré sinon elle devra se contenter des services d'une amie couturière,
fabriquer elle-même ses fringues ou vivre
à l'étroit dans les vêtements d'un magasin
à rayons.

Certaines boutiques spécialisées,
pour ne pas décourager les toutounes,
utilisent un talentueux subterfuge. Les
vêtements portent de petits numéros, de
1 à 7, 1 pour la grandeur 14 ans et 7 pour
les ballons dirigeables! Cet étiquetage
agit avec miséricorde sur le subconscient.
Tu n'habilles pas du 28 ans... tu
n'habilles que du 7!

Ailleurs, les pointures sont indiquées
par des couleurs: «J'habille du rouge, je la
voudrais dans le bleu», entendra-t-on.

Dans la vitrine, que des mannequins
bien taillés. Sur les cintres, de minuscules
et ingénieuses pinces retiennent le surplus de tissu pour donner l'impression
que le chandail est petit! Les jupes sont
repliées deux ou trois fois pour ne pas
perdre la forme.

Quelle illusion, mais quel réconfort pour la toutoune! Elle se sent normalisée, puis repart avec son gros sac bien identifié au nom du magasin pour grosses! Ce sac prendra vite le bord de la poubelle car quel enfant transporterait son casse-croûte dans un sac de Penny Toune?

On a beau dire qu'on n'a pas honte de son gigantisme, on a sa fierté tout de même!

La tâche la plus ardue est sans conteste l'achat de bottes d'hiver. Pour y entrer un mollet fort, il faut concéder sur la longueur. La toutoune se retrouve bien souvent avec des bottes de bouffon afin de pouvoir y installer son fort tour de mollet. Serait-ce de là que provient l'expression «faire des ronds de jambe»?

Les souliers devront être assez larges pour bien camper le personnage, assez bas pour ne pas causer de cataclysme, assez élégants pour ne pas donner à notre grosse amie des pieds bots mais de beaux pieds!

Ainsi se vêtira notre toutoune des pieds à la tête tout en songeant aux atours qu'elle arborera lorsqu'elle aura enfin perdu tous ses kilos!

Quelle naïve tout de même!

L'action
de grasse

«Un corps immense offre davantage
de surface aux plaisirs, plus d'espace
aux bontés et dons de la nature. J'ai
savouré plus que vous les joies de
l'existence, ayant plus large goût,
plus ample soif, moins de scrupules
à satisfaire mes bas instincts.»

Antonine Maillet
William S

a levée du corps toutounesque
est une entreprise audacieuse,
mais inévitable!

Si elle n'a pas passé la nuit à
ronfler, ce qui ne serait pas sur-

prenant vu l'étroitesse de sa trachée, notre toutoune se réveillera fraîche et dispose, l'œil brillant, les plis de la couverture gravés sur son visage. Après un long moment de paresse, elle s'étirera, bâillera et, dans un mouvement volontaire de la croupe, tentera un premier lever en s'aidant de l'avant-bras, puis un autre en roulant subtilement hors du lit. De quoi faire une candidate idéale pour le Cirque du Soleil.

Après quelques ablutions ingénieuses, elle se sangle, se gaine et se comprime afin de ne rien laisser vagabonder sans discipline.

Une fois habillée, elle se dirige vers la cuisine où la préparation d'un copieux petit déjeuner (c'est ce que recommande la Guide alimentaire canadien, non?) devrait occuper sa prochaine heure.

En ouvrant la porte du garde-manger, ô douleur! elle constate le plus grand vide! Au réfrigérateur, même disette. Fichtre! notre toutoune devra s'approvisionner!

C'est donc l'estomac vide et la tête légère que Dame Toutoune court au marché d'alimentation. Elle hésite; se rendra-t-elle au Club Price où tout est à sa mesure?

L'espace et les formats géants disponibles en ce lieu excitent son âme de «stockeuse». Après tout, elle a mérité sa carte de «membre-privilège» alors que Madame Brochu se meurt encore d'envie d'avoir la sienne. Notre toutoune songe aux énormes pots de beurre d'arachide, aux quantités monstrueuses de céréales, de pain, et tout... et tout! Elle sait qu'elle pourra aussi se sustenter en acceptant de goûter à toutes ces petites bouchées cure-dents que de gentilles dames offrent à leurs clients en guise d'appâts!

La toutoune se souvient de la crise de l'après-guerre, et elle trouve prudent d'emmagasiner d'imposantes quantités de victuailles, mais cela lui rappelle qu'elle sera ensuite plusieurs semaines sans poser le pied dans une épicerie, source de la plus incommensurable jouissance! Elle renonce donc! Le Club Price est pour les insécures, pas pour Dame Toutoune.

Sa décision prise, elle se dirige vers son marché d'alimentation préféré, là où de jeunes garçons viendront déposer les nombreux sacs dans la voiture de madame.

Dès le début de cette croisière nourricière, elle procède à l'examen systématique des paniers d'épicerie afin de ne pas tomber sur des roues tordues ou paralysées.

Dame Toutoune ne fait pas de liste. Elle va au gré de son instinct et achète les aliments qui l'inspirent. Son panier connaît le chemin par cœur pour l'avoir parcouru dans tous les sens. Il connaît le carroyage du magasin.

Ici, les viandes et les fromages fins. Là, les conserves. Et voici que se dresse l'allée de la honte où tout ce qui fait crouche crouche l'attire, elle, comme un capitaine fou est assailli par le chant des sirènes.

«On veut vivre encore la
journée entière
Et croquer du ferme, et mâcher du vert»
Lucienne Desnoues

La toutoune se rue vers la section des fruits et légumes, heureuse d'avoir su échapper aux appels d'Humpty Dumpty. Brocoli, asperges, laitues, tomates, agru-mes et divers autres fruits... La toutoune chante en scandant du talon sur les tuiles brillantes:

«Oui on en a des légumes
Des patates pis des navots
Des betteraves pis des poi-
reaux
Oui on en a des beaux
choux...»

Elle attrape quelques avocats bien murs, redoutant à peine cet aliment hypercalorique. C'est un fruit, non?

Les bananes encore vertes matureront bien assez vite. Ah! voilà le lait 2 %. Rapidement, elle saisit un demi-litre de crème... pour la visite! De la crème gla-cée et du beurre pur à «saveur de cam-pagne».

Qu'est-ce à dire? Dame Toutoune se rassure: ça doit être bon pour la santé! Elle en prend deux. La margarine et toute cette chimie, pouah! Des biscuits au chocolat... pour les enfants, bien enten-du!

Elle se rend porter le fruit de ses allées et venues à la caissière numéro sept qui, comble de malchance, vient de terminer son quart de travail et doit céder sa place à une espèce de virago à l'hu-meur acide.

Dame Toutoune s'impatiente et picore à chaque bout de rangée où s'étalent quelques aubaines qui valent le déplacement! Elle y va ainsi trois ou quatre fois en attendant que la caissière soit prête à entreprendre le compte de sa grosse commande.

Au comptoir, d'autres produits la tentent outrageusement: gomme, bonbons, revues populaires (tiens, Ginette est encore à la diète et Suzanne fête sa cinq-centième nourri-barre).

Dame Toutoune, si vous vous souvenez bien, n'a point pris son petit déjeuner. On arrive à l'heure du lunch tout de même. Elle kidnappe alors une tablette géante de Caramilk et un Cherry Blossom au cas où la faim la tenaillerait dans la voiture. Comment combler autrement une faim enivrée par d'inatteignables effluves ensachés sur la banquette arrière?

Allons! Voyons! Beaucoup d'accidents sont causés par des gestes malheureux. Vaut mieux avoir quelque aliment cholestérolique tout près de soi, afin de se donner l'énergie pour porter jusqu'à la cuisine ses 12 sacs de provisions.

La toutoune se délecte du suave nectar de cacao caramélisé, qu'elle cache dès qu'elle risque d'être aperçue au feu rouge. Elle ne va quand même pas s'attirer des commentaires disgracieux!

Dès qu'elle repart, sa main s'affaire, sa bouche s'active, sa langue claque, ses papilles s'excitent.

Dame Toutoune est heureuse. Elle songe déjà au rôti de porc à l'ail qu'elle fera cuire pour le dîner... et aux effluves édéniques qui alors titilleront ses narines.

Rabelais
le sait

l y a, croyons-nous, deux catégories bien distinctes de toutounerie: celle qui arrive avec la naissance comme dans le cas de Pantagruel, qui réclama: «À boire!» en sortant de l'oreille de sa maman, et celle qui survient plus tard, après une vie de débauche alimentaire.

La première attaque sexiste éclate dès que l'obstétricien aperçoit la toutoune naissante s'exclure du vagin maternel. Il s'écriera: «Une belle grosse fille!» Cela ne provoquera pas du tout la même réaction parentale que s'il avait dit: «Un beau gros garçon!»

Un beau **gros** garçon sera plus tard un homme sportif, fort, solide et respecté. Une belle **grosse** fille devra, dès lors, être mise au lait 2 % et au Pablum diététique, si elle veut suivre le modèle féminin proposé même dans les revues de mode enfantine.

Pouponne, elle tiendra ses parents en haleine à cause des nombreux boires aux deux heures qu'elle réclamera et à cause aussi de l'érythème fessier qui envahira tous les replis de ses cuisses charnues. Sa mémé se contentera probablement de la regarder dans son moïse à cause de son artériosclérose et de la recommandation de son médecin de ne pas transporter de lourdes charges.

Vers l'âge de trois ans, ce sera le grand départ. Ou elle fondra pour joindre les rangs de la légion des minces ou bien elle poursuivra sa pérégrination au sein du club des toutounes.

À l'adolescence, confuse et parfois boutonneuse, elle devra perdre son surplus car rares seront les jeunes hommes assez costauds pour transporter une grosse épousée jusqu'à la chambre nuptiale.

Ou encore, elle pourra émigrer en Australie, chez les Wobuti, tribu très ancienne pour qui les toutounes sont des objets d'adoration légendaires. La déesse de l'abondance, Lispayata, déborde d'ailleurs de mille charmes.

Quant aux Manamati, sous-dérivés de la tribu des Pygmées, ils auront toujours besoin de **lardons** pour le pot-au-feu de cuisse de missionnaire au manioc, leur recette préférée. Notre toutoune serait accueillie là à bras ouverts.

Évidemment, elle préférera sans doute le cabinet de kilo-contrôle à cette solution farfelue.

Appartenant à la catégorie des toutounes nées, elle portera toujours en elle, fait étrange, son esprit obésital, quoi qu'il arrive.

Voyant ceci, les manitous de la maigreur, flairant les lingots d'or, ont inventé un logiciel afin de connaître **le poids psychologique** ou mental de la toutoune. Combien pèse-t-elle dans son subconscient? À combien de kilos évalue-t-elle son seuil de tolérance? À partir de quel moment commencera-t-elle à ne plus vouloir se montrer en maillot de bain?

Cette évaluation étrange peut tout de même s'avérer étonnante dans certains cas. Que faire si une toutoune de 70 kilos se «voit» confortable à 90 kilos? Comment **convaincre un tel subconscient** qu'il est dans l'erreur?

Ainsi, la toutoune de naissance ne maigrira que si son poids mental le lui dicte expressément! Sinon, elle devra apprendre à être confortable dans son magma existentiel. «Grosse un jour, grosse toujours» sera son mantra. Son karma gonflable devra être réalisé croûte que croûte, vaille que vaille!

La seconde forme de toutounerie advient avec le temps, les grossesses, l'inactivité physique, etc. D'incalculables recherches ont été poursuivies mais ne sont jamais parvenues à établir les véritables causes de l'obésité pondérale.

Pourquoi certaines maigrichonnes bouffant tout le temps peuvent-elles, 30 ans après, entrer dans leur robe de mariée tandis que d'autres, de naissance aussi noble, ne pourraient y insérer qu'un bras ou une jambe?

Si aucun médecin n'est arrivé à expliquer cela, beaucoup d'entre eux ont acquis **leur fou-REER** en exploitant une mine d'or: le «maigrissage».

Revenons à notre toutoune acquise.

Pour celle-ci, comme pour l'autre, l'évaluation mentale de son propre poids est de la plus grande importance. Même à 100 kilos, une ex-mince peut, dans son subsconcient, se sentir comme à 20 ans! Belle, chaleureuse et **séductrice**, elle n'oubliera pas les rock'n'rolls, qu'elle exécutera au vu et au su de tout le monde, les parties de tennis, l'amour, voire la sensualité. Elle garde en elle le **souvenir de la légèreté de l'être**, tel un papillon enroulé dans cette énorme enveloppe charnelle qu'est le cocon. Pourtant, à l'intérieur, quelle grâce!

La toutoune élastique, si bien décrite par notre monologuiste préférée Clémence Desrochers, est celle qui, sa vie durant, jouera au yo-yo avec son poids. Parfois grosse, parfois mince, elle n'arrivera jamais à se fixer, pour la plus grande joie de ses belles-sœurs qui trouveront ainsi de beaux sujets de moquerie.

Donc, que ce soit de naissance ou circonstanciel, la toutoune sera toujours cette oasis de bonheur, ce havre de paix, cette île mystérieuse qu'on prend plaisir

à fréquenter en toute occasion. Sa chaleur n'a rien de comparable à la tempé-
rature de tous ces petits cotons secs qui
gèlent à rien!

« Regarde, maman, la grosse madame!»

a toutoune sait qu'elle est toutoune, soit! Elle en parle même avec brio. Aussi, parfois, précède-t-elle les moqueries en les verbalisant elle-même au grand dam de ses détracteurs.

Les fins psychologues reconnaîtront là une souffrance intérieure que la toutoune exprime par ses **sautes d'humour**. C'est toujours ainsi. «Dans le fond, elle est malheureuse», diront les présumés connaisseurs de la toutounerie.

Comme toutes les personnes atteintes dans leur corps, on présumera que la toutoune sait qu'elle l'est et qu'elle n'a pas besoin qu'on le lui rappelle constamment.

Aussi est-il indispensable qu'elle se prémunisse de locutions, voire de discours bien frappés, afin de laisser pantois tout interlocuteur malveillant.

À la phrase internationalement connue: **«Regarde, maman, la grosse madame»**, elle pourra, si elle le désire, tirer la langue à la fillette ou encore faire mine **de la manger**. Ça marche à tout coup!

Si elle soupçonne que la maman de la fillette a oublié d'enseigner le respect à son enfant, la toutoune pourra alors dire très haut: **«Regarde si elle est mal élevée, la petite fille!»** Et vlan! devant une foule qui attend tranquillement sa commande chez *Saint-Hubert*, ça a un de ces effets!

Si l'enfant provient d'une famille où l'on est plus direct et qu'il s'adresse à Madame Toutoune en chair et en os de la façon suivante: «Eh! madame, pourquoi t'es si grosse?» elle a deux possibilités. Ou elle prend 10 minutes pour lui expliquer, ou elle prend 10 secondes pour lui dire: «Eh! p'tit gars, pourquoi t'as un gros nez?»

Je ne saurais recommander d'utiliser la force physique pour convaincre le petit polisson, étant donné la facilité avec laquelle les parents de ce genre de mala-pris peuvent trouver un avocat pour ester (j'ai fait des mots croisés, moi, Môssieur). La parole ne fait pas mal et, prononcée au bon moment, elle frappe avec autant de conviction!

Comme je le suggérais précédem-ment, la toutoune pourrait aussi bloquer le jeune interlocuteur à tout jamais en répondant: «Je suis grosse parce que je **mange des petits enfants**» tout en se léchant les babines et en lui tâtant le bras d'une main prospective. Peut-être éprou-vera-t-il une crainte éternelle pour les grosses dames, mais plus jamais il ne se risquera à poser sa question.

Ces choses se sentent à distance, comme la ville de Trois-Rivières. La toutoune pourra donc aisément flairer les gens, surtout les hommes, qui n'éprou-vent pour les toutounes aucune amitié particulière.

À ceux-là, notre amie capitonnée pourrait répondre: **«Mon poids est proportionnel à mon intelligence»** (ce qui est souvent vérifiable). Elle ajoutera surtout: **«Vous auriez intérêt à engraisser, Môssieur!»** et elle prendra soin de faire un spectaculaire demi-tour qui laissera son interlocuteur non seulement bouche bée, mais aussi tout décoiffé. Et tant pis pour lui!

À certains membres de la communauté noire du Québec qui se plaignent gentiment d'être une minorité visible, je dirais: «Coudon! y a-t-il une minorité plus visible que la confrérie des toutounes et toutounets du Québec?»

Faites l'expérience dans un véhicule bondé du transport en commun: une belle négrillonne et une (belle, pourquoi pas) Dame Toutoune (on a dit Dame Poune, après tout!) se pointent à l'heure de pointe. Laquelle des deux sera la victime des machos racistes phallocrates sexistes, pensez-vous? La toutoune restera debout à rouler autour du poteau d'ancrage, car vous trouverez peut-être **un** type courtois mais jamais **deux ou trois** à la fois!

Alors, la toutoune n'a pas le choix: elle doit profiter de ses largesses et faire son chemin dans la vie jusqu'à l'atteinte d'un siège! Elle jouera de la hanche (sans danger pour les passagers car elle est bien rembourrée) puis de l'autre en distribuant des sourires et des excuses sympathiques. On lui pardonnera. Et si, par malheur, sortie d'un coin de bouche malsaine, elle entend une phrase méchante à son égard, la toutoune saura répondre: **«Choisissez! Ou je m'assois ou je vous tombe dessus au prochain arrêt!»**

En plus de détendre l'atmosphère, cette réplique incitera les gens à plus de respect envers les personnes qui ont la bonne grâce de faire vivre l'industrie de l'alimentation et d'ainsi protéger plus de 600 000 emplois dans le domaine de la bouffe. Un peu de reconnaissance, parbleu!

Quant aux circonstances où des humoristes se moquent de la toutoune en sa présence, dites-vous que les seuls spectateurs gênés seront les maigres, car le sens de l'humour est la seule chose qui **étouffe** notre bonne amie, de **rire** bien entendu.

C'est ce qui fait d'ailleurs sa plus grande force. Elle est capable de se moquer d'elle-même. Sauf, il va sans dire, si elle ne se doute de rien et qu'elle s'imagine autre chose, ou qu'elle souffre d'un **trouble de l'évaluation**.

Ce genre de toutoune est facilement identifiable: elle ne sera pas gênée outre mesure de se vêtir d'une minijupe ou de bermudas moulants. Et c'est elle qui sera capable de s'offenser si quelqu'un se moque des personnes «patapouffiennes». Étrange comportement.

La toutoune devra, tout en continuant à cultiver son excellent caractère, se munir de paroles acérées pour clouer le bec à tous ces jaloux qui lorgnent sa ventripotente béatitude.

Car il y en a!

Il y a de ces squelettiques personnages qui envient notre toutoune. Ils souhaiteraient des arêtes moins prononcées, des formes plus faciles à palper, moins d'espace entre les gigots; ils rêvent d'imiter son bon caractère, sa chaleureuse philosophie de la vie. Enfin, sans vouloir se remplir eux-mêmes comme des outres, ils admirent l'étoffe et la passion de Madame Toutoune.

C'est ce qui horripile notre passionnante amie: les osselets qui partagent parfois sa table se mettent aussitôt à brandir le mot *régime* dès qu'on leur apporte le menu ou qu'ils flairent les effluves de l'entrée.

Ils ne parleront que des triglycérides, du cholestérol, des gras saturés et polyinsaturés, de la cellulite et... de leurs dernières vacances, où «ma chère, j'ai pris **deux kilos**». **Diantre! notre toutoune**, elle, peut engraisser de **six kilos** en une seule fin de semaine! Mais de quoi se vantent-ils? Les maigres choisissent, remarquez-le, le dessert le plus riche et en laissent la moitié en se tenant les côtes de satiété.

Évidemment, notre toutoune à l'appétit féroce n'a pas, elle, pris de dessert afin de ne pas donner prise aux langues déliées qui diraient qu'elle le fait exprès de grossir.

Ce n'est certes pas l'envie qui lui manque. Tout en jasant, elle suivra des yeux chaque port de fourchette jusqu'à la ridicule petite bouche rose bonbon de son auditrice, en essayant d'étouffer ses glandes salivaires qui s'activent devant les profiteroles au Cointreau.

Elle résiste. «On ne dira pas, après tout...» pense-t-elle. Et elle boit à petites lampées son café au lait au sucaryl.

Faut ce qu'il faut!

Toutoune resplendit de fraîcheur lorsqu'elle se retrouve au restaurant entourée de ses admirateurs. D'ailleurs, plus elle s'amplifie, plus les amitiés se font pressantes et sincères.

Elle sait que le beau jeune homme qui est là devant elle à discuter de principes philosophiques ne recherchera en elle que l'intérêt de la conversation. **Pas autre chose!**

On ne flirte pas une toutoune. On y découvre la mère, la sœur qu'on n'a pas eue, l'amie réconfortante, mais jamais l'amante tant désirée.

Alors, là, notre toutoune est rassurée. On **l'aime pour elle-même, pas pour son c... charme sexuel.**

Une chose est réglée. L'amitié sincère, un bon repas... et le bonheur est joué! De plus, ses amies ne risquent plus de craindre que leur conjoint fuie le foyer conjugal pour s'attraper une toutoune de choix!

Ces chers hommes auraient plutôt tendance, avec l'âge, à diminuer le **poids** de leurs nouvelles flammes.

Il n'y a pas d'erreur possible. La toutoune sera entourée d'amis et d'amies

sincères qui se réfugieront auprès d'elle
par goût et non pas par intérêt pervers.

Voilà au moins ça de pris. Une personne peut-elle être plus heureuse?

PORTRAITS DE TOUTOUNES

Clémence Lacharité

as d'erreur sur la personne. Lorsque Ernest épousa Clémence, elle avait déjà la croupe large et la devanture annonciatrice d'une bonne laitière. C'était en 1942, en plein pendant la guerre. Le temps était à la pauvreté et au rationnement.

Alors étudiant en comptabilité, Ernest fit partie de l'armée de réserve, mais n'alla point au combat (un autre, plus corsé, l'attendait).

Monsieur Lacharité père trouvait essentiel qu'une fille ait les reins solides,

le bassin ample et une poitrine abondante pour nourrir ses 12 futurs petits-
enfants. Il encouragea Ernest à fonder
une famille avec la Clémence à Roger à
Edmond. C'était ainsi en Acadie dans le
temps.

Avec ses nombreuses grossesses,
Clémence s'arrondit, s'amplifia, se gonfla
à un point tel qu'on surnomma la Clémence à Roger à Edmond: la grosse à ti-
Nest!

Arrivé à Montréal, le comptable travaillait 60 heures par semaine et ne voyait
ni l'expansion de sa progéniture ni celle
de Clémence.

Il est vrai qu'elle n'avait pas le temps
d'aller s'acheter des vêtements seyants et
qu'aucune couturière du coin n'arrivait à
lui fabriquer une robe qui lui plût.

Clémence trottinait toute la journée
en *duster* à grosses fleurs et en pan-
toufles.

Les années passèrent. Elle perdit goût
à toute vie sociale. Ernest, lui, chercha
une compensation et la trouva. Elle
s'appelait Carmen, comme dans l'opéra.

Lorsqu'elle s'en rendit compte, Clémence comprit et se plongea tout entière

dans la religion et... le chocolat aux cerises.

Elle eut bien choisi les témoins de Jehovah comme sa cousine ti-Mé, s'il n'y avait pas eu tout ce va-et-vient, ces escaliers à monter et à descendre, cette sueur et ces refus à essuyer! Elle décida de se consacrer à sa bonne vieille religion catholique romaine et installa sur la commode d'Ernest un autel avec lampions et statues.

Ses enfants, tous mariés, venaient de moins en moins la voir. Clémence devint copain comme cochon avec le petit livreur de pizza de chez *Mikes* et, bientôt, de celui de l'épicerie du coin. Car Clémence ne sortait plus. Clémence se répandait sur place, abandonnée par les siens.

*   *   *

À l'hôpital Notre-Dame, on diagnostiqua: obésité pondérale sévère et calculs biliaires. La honte s'inscrivit dans la tête de la pauvre femme à jamais!

On avait dû sortir Clémence par la fenêtre du salon de son logement de la rue Sanguinet avec l'échelle d'incendie des pompiers de la CUM. Clémence avait atteint 200 kilos. Elle ne passait plus dans le cadre de porte, ni de face ni de côté.

Et il fallait l'opérer pour le foie!

* * *

Madame Soucy sourit: «C'est pas tout le monde qui peut diminuer de moitié puis être encore toute là!» Clémence éclata de rire, pour la première fois depuis 16 ans.

La diététiste fixa longuement la fiche de sa plus grosse patiente avec satisfaction: 98 kilos en 2 ans et 3 mois! Clémence pouvait maintenant utiliser le pèse-personne de Madame Soucy et oublier cette espèce de monte-charge pour les poids lourds utilisé à l'hôpital.

Elle avait rencontré aussi la psychiatre qui travaillait à l'acceptation de soi: «Vous ne serez jamais Brigitte Bardot!»

Avec ses 100 kilos, Clémence se sentait comme un oiseau (une autruche, disons... mais un oiseau tout de même). Elle continuait à perdre environ un kilo par semaine et s'était remise à chanter et à sourire. Clémence était devenue une toutoune respectable… et acceptable.

Et même si elle entendait parfois de jeunes personnes la traiter de grosse, elle éclatait d'un rire tonitruant et lançait avec fierté: «Tu aurais dû **nous** voir avant!» et elle s'éloignait en riant de bonheur.

Clémence Lacharité redevint Clémence Sansregret. Elle s'est mise enfin à vivre. Quand on a connu la noirceur, on apprécie le plus humble rayon de lumière, se disait-elle.

Clémence a maintenant 68 ans. Grand-mère heureuse, elle conduit à nouveau sa voiture et garde ses petits-enfants qui retrouvent en elle le confort moelleux d'une toutoune heureuse de l'être.

Ceci est un histoire vraie.

Colombe Blanchette

Assise dans la salle d'attente du docteur Jacques, Colombe Blanchette passerait inaperçue tellement on croit qu'elles sont deux. C'est en y regardant de plus près qu'on distingue une masse informe, les bras croisés sur son énorme ventre, là où se confondent seins et bedaine. Sa respiration bruyante incommode son voisin. On dirait une baleine échouée sur la terre ferme.

Son visage est dur, ses traits courts et arrondis entretiennent une relation haineuse avec tous les yeux qui la regardent, pourtant très discrètement.

Elle a choisi le docteur Jacques parce qu'il est gros lui aussi, pour la compréhension qu'elle attend de lui. Soudain, de son cabinet, s'extrait un beau jeune homme rondouillet, à la barbe noire, à la ventripotence avouée, obèse comme pas un, mais un gaillard au sourire aussi inoubliable que celui de Mona.

Lorsqu'elle entend son nom, elle (se précipite serait un bien grand mot) se dirige langoureusement, presque honteusement vers la porte ouverte devant elle.

Derrière Colombe fuse le rire d'un garçonnet pourtant joufflu et elle le foudroie du regard jusqu'à ce que la mère du petit baquet lui fasse signe de se taire.

S'incrustant dans le siège qui lui est offert par le gentil docteur, l'imposante patiente ne lui laisse aucune avance:

— Ce sont mes glandes, docteur. Je ne mange quasiment rien!

Le docteur Jacques connaît le refrain:

— Avez-vous été vue par l'endocrinologue?

Colombe s'envole:

— Ma mère et mes sœurs sont grassouillettes, elles aussi!

Le docteur a continué à écrire et, devant l'euphémiste «grassouillette», a haussé le sourcil gauche:

— Vos sœurs et votre mère peut-être, mais vous?

— Moâ?

— Depuis combien de temps affichez-vous COMPLET?

Le docteur Jacques a toujours aimé les jeux de mots. Il appartient très justement à la catégorie de toutounets que l'on a tenté de décrire dans cet ouvrage: jovial, affable, courtois et d'une générosité légendaire.

Colombe atteste qu'elle est «un peu» grasse depuis sa puberté.

Après le questionnaire d'un examen complet majeur où Colombe doit étaler tout son bataclan héréditaire: père, mère, frères, sœurs, maladies de la petite enfance, premières règles, première grossesse, deuxième, etc., vient l'examen physique qui à lui seul justifie le salaire de la Régie que recevra le docteur Jacques.

Puis vient le moment de la pesée. Ô objet de torture! Les yeux du bon docteur s'allument et un rire sarcastique s'extrait de sa bouche: «91 kilos!»

Colombe n'en croit rien. Elle remet le poids à zéro puis reprend la pesée en trois mouvements.

Elle descend du pèse-personne, retire bagues, bracelets et chaîne en or, puis remonte en retenant sa respiration dans une attitude éolienne.

Le docteur Jacques exulte:

— Je vous l'avais dit: 91 kilos exactement!

— Les balances ne sont pas toutes pareilles. Chez ma belle-sœur, je pesais 87 kilos la semaine dernière!

— C'est tout de même 87 kilos, Madame Blanchette!

— Je dois être très enflée. Je retiens l'eau comme c'est pas possible!

— Venez vous asseoir!

Colombe se rassoit. D'habitude, songe-t-elle, ils se hâtent de vous mettre à la porte.

— Parlez-moi de ce que vous mangez, Madame Blanchette. Dans une journée, par exemple!

Là, Colombe fera la nomenclature des petits goûters légers qu'elle ingurgite dès son réveil jusqu'à minuit. Le docteur Jacques n'a qu'à ajouter: «Et puis…» et Colombe trouve chaque fois un petit gueuleton de plus à inventorier. Elle ne doit rien oublier: condiments, assaisonnements, verres d'eau, gomme à mâcher…

À l'aide d'une calculatrice, le docteur Jacques fait le total des calories ingurgitées par sa patiente, une parmi les pires. Nulle n'est plus aveugle que celle qui ne veut pas voir, songe-t-il:

— Deux mille quatre cent soixante-douze calories exactement!

C'est au tour de Colombe de dire:

— Et puis…

— C'est quatre fois trop, Madame Blanchette!

— Mais, docteur, je ne mange presque rien! Mes amies mangent 10 fois plus que moi, je vous le jure!

Le docteur sourit. Il a l'habitude. Elles disent toutes cela. Les mêmes amies font du ski, jouent au golf, pratiquent la course à pied, la danse aérobique ou travaillent dur.

Colombe se contente de rester assise derrière son bureau à la commission scolaire ou derrière la table de la cuisine à jaser au téléphone.

— Et l'amour? glisse soudain parcimonieusement le médecin.

Il aurait dû regarder sa montre avant de parler. Il a maintenant l'impression de marcher sur un volcan en activité:

«Et il ne s'occupe pas de moi!», «Et il me pousse à…», «Et il n'est jamais là!», «Et il ne baise plus depuis des siècles!», «La belle-mère est méchante et le monde aussi!», «Je déteste les commerciaux et c'est la faute de… et c'est la faute de…» Na! et re-na!

Le docteur a vite fait le survol de la situation. Colombe souffre, c'est bien évident!

— Vous êtes venue me voir pourquoi exactement, Madame Blanchette?

Colombe réfléchit un moment, puis fond en larmes:

— Pour que vous m'aidiez, docteur!

— Moi, je ne peux être que le témoin... le comptable... Le reste, c'est vous qui devez le faire! Je ne puis vous convaincre de maigrir avec l'exemple que je vous offre, mais je puis vous comprendre. C'est toujours cela de pris!

Rien ne pouvait autant encourager Colombe. C'était de cela qu'elle avait besoin:

Qu'on la comprenne!

Qu'on la soutienne!

Qu'on la comptabilise!

Qu'on la conscientise!

* * *

Après un an, Colombe n'a pas repris un seul gramme des 13 kilos qu'elle a perdus, et elle joue au tennis 2 fois par semaine. Elle est encore toutoune, mais une toutoune comprise et consciente que personne d'autre ne peut agir à sa place!

Candide Drôlette

Ne vous étonnez pas que, parmi les grands cœurs de la société, on compte un nombre surprenant de toutounes et de toutounets. Les rondelets ont un tel besoin d'aider leurs concitoyens qu'on les retrouve, la plupart du temps, à l'écoute d'une âme en détresse, prêts à intervenir sans ménagement.

Candide Drôlette appartient à ce groupe qui donne, sans relâche, temps, aide, conseils.

C'est elle qui garde les enfants quand sa belle-sœur part pour une randonnée de ski de fond! Forcément! C'est elle qui va promener le terre-neuve de Monsieur Doré durant ses vacances. C'est elle qui écoute les chagrins de tante Germaine quand tous sont partis se coucher, elle encore qui va aider la vieille d'à côté, chiche et pauvre.

Candide est de ceux qui compatissent, qui s'attendrissent, qui comprennent. C'est la cantine de l'affection, le baume des douleurs accablantes, l'étalagiste des solutions miracles, la magicienne de la réplique efficace.

On la voit partout où le bénévolat est roi.

Quelle joie elle a éprouvée en visionnant le film *Bagdad Café*! Enfin, se dit-elle, autre chose qu'une mimine anorexique. L'héroïne, que son compagnon abandonne en pleine région désertique des États-Unis, déborde largement du sujet.

Candide découvre en elle une consœur. Enfin! 100 kilos de joie explosive.

La belle toutoune de ce film se rend indispensable… en débarrassant un petit commerce de sa poussière, en faisant le ménage!

Candide soupire. Encore une toutoune dévouée qui, pour se faire aimer, sent le besoin maladif de rendre service!

Candide se reconnaît. Tout prendre sur ses épaules pour justifier ses propres largesses. À tous points de vue!

Candide pèse lourd du poids des autres! Elle porte le fardeau universel, elle est lourde de compassion! Elle ne maigrira pas tant qu'elle soutiendra le sort du monde de sa carcasse fatiguée.

Candide sait en plus qu'elle vit et respire avec le poids d'une autre personne adulte accrochée à ses flancs: 48 kilos de trop! c'est le poids de Diane, sa meilleure amie.

Candide se réveille! Elle songera dorénavant un peu plus à elle-même. Elle prendra le temps de suivre cette diète que lui a recommandée Suzanne.

Candide exulte! Elle fera glisser de son dos les rémoras psychologiques qui dévorent son énergie! Elle ne sera plus candide que de prénom!

Dora Lachaîne
(ou le portrait
d'une exceptionnelle toutoune aigrie)

Elle lève ses lourdes paupières afin d'apercevoir la file qui grossit entre les cordons rouges. Sur le plancher, une inscription avertit: «Veuillez attendre ici.» Monsieur Lalancette prétend que ça décourage les fouineurs de mettre leur nez sur le compte des autres!

Dora Lachaîne sait qu'elle doit ouvrir son guichet afin de diminuer l'attente, mais elle prend tout son temps pour préparer son tiroir-caisse.

Plus haute que la vitre anti-hold-up, cette grande toutoune exhibe un triple menton comme on porte un col de renard roux. Son visage aplati, ses joues marbrées de couperose contrastent avec de petits yeux noirs ternes et sans équivoque: des yeux alanguis de saint-bernard.

Des petits cheveux courts, crêpés et portés sur un cou gras crevassé de souvenirs; des bras ronds avec, à leur extrémité (heureusement!) de grosses mains-harpons qui vous arrachent votre livret de banque comme deux requins affamés…

Dora n'est pas différente des autres toutounes, ni moins belle, ni plus laide. Elle n'assume tout simplement pas sa vocation! N'est pas toutoune qui veut!

Dora Lachaîne a l'air bête! Un peu plus et on l'entendrait rouspéter, maugréer, grommeler et marmonner son inconfort. Elle abhorre son travail, ça se voit. Elle haït le monde, ça se sent. Elle se déteste, ça se suppose. Alors que nous scandons à voix amplifiée que les toutounes sont des modèles de joie de vivre, des compétences en relations humaines, des jouisseuses nées, Dora Lachaîne a-t-elle seulement déjà joui? Connaît-elle le plaisir? Elle se renfrogne. Comme la saucisse haut gradée, on ne l'aime pas parce qu'elle n'aime personne! Les vieilles personnes, embrigadées dans le couloir d'attente, espèrent qu'un autre guichet sera disponible lorsque viendra leur tour! Elles craignent la mauvaise humeur de Dora. Dora Lachaîne n'a jamais pris époux. La solitude la ronge (il y a là, croyez-moi, beaucoup d'ouvrage)!

Elle en veut à la société. Mais elle a tort! Complètement! Elle s'imagine, la pauvre, que c'est parce qu'elle est toutoune que l'amour ne vient pas!

Dora Lachaîne est une petite âme perdue dans un corps trop vaste! Il faut faire grandir cette âme! Voilà ce qu'il faut! L'âme de la toutoune doit être aussi grosse que son enveloppe charnelle. Pour faire oublier. Pour séduire, il faut grandir de l'esprit ou croître en esprit! Dora sait qu'il lui faut 10 fois plus de bonhomie, de joie, d'amabilité que les autres pour que les clients disent: «Elle est grosse, mais Dieu qu'elle est gentille!» Voilà ce qu'il faut!

*   *   *

Dora Lachaîne n'a pas maigri. Elle est toujours aussi sèche et bête. J'espère qu'elle lira cet ouvrage et qu'elle y trouvera une lueur pour sa désespérance.

Elsa, la toutoune SS

De son poing assommant, elle a frappé la table et en a fait sourciller plus d'un. C'est elle la toutoune dictatrice, la maîtresse-femme, l'armoire à glace, le pan de mur; c'est Elsa Sansregret, que ses ennemis ont surnommée Elsa la toutoune SS!

Physiquement, ce n'est pas tellement qu'elle est si volumineuse. Non. Juste assez gélatineuse pour onduler outrageusement lorsqu'elle vient s'écraser dans son fauteuil de présidente, une grosse chaise bourrée comme elle.

De son gosier enfumé jaillit une voix haute pleine d'assurance. Elsa ne parle pas pour ne rien dire!

Comme une vieille chaudière, elle s'étouffe en larmoyant, crachotant, s'éteignant presque... Elle domine, supervise et dirige. C'est la toutoune p.-d.g.

Elsa Sansregret, p.-d.g. des Aliments Sansregret ltée, est un paradoxe sur deux fortes pattes. Sa cheville porte une chaînette d'or. Cela rassure Monsieur Tourigny qui y voit un certain symbole d'abdication.

Partout où elle passe, Elsa parle fort, marche fort, rit fort et «rock» fort. Son

imposante charpente la rend pratique-
ment inattaquable, indélogeable. Caucus,
complots, communications secrètes, tous
les moyens sont bons pour que ses
ouailles la craignent et la respectent.

On aurait pu tout aussi bien l'appeler
la toutoune locomotive. Sa taille *queen
size* (dire grandeur reine ne conviendrait
pas tout à fait) lui sert vraiment de mar-
teau-pilon pour impressionner tout ce qui
bouge.

Elle ne marche pas, elle volcanise!

Elle ne s'assoit pas, elle s'affaisse!

Elle ne rit pas, elle tonitrue!

Elle ne parle pas, elle discourt!

Les hommes croulent sous son
poids... psychologique, véritables petits
culs de poule qui se referment fébri-
lement. Ils donnent dans le «oui, madame la directrice, non madame la directrice». Cela a un certain charme. Même
Monsieur Charland se transforme en une
espèce de soubrette complexée devant
Elsa.

Les Aliments Sansregret ltée s'en portent d'ailleurs très bien. L'entreprise grossit, surpasse les autres, domine le marché
alimentaire. Sa présidente-directrice
générale jouit.

Généralement, les jouissances d'Elsa ne passent point inaperçues, comme le reste. Tout est occasion d'exagération pour elle. Une petite bronchite devient une pneumonie double et parfois triple, Môssieur!

C'est une obèse intégrale, corps et âme! Quand elle aime, elle vénère. Quand elle déteste, elle écrabouille, anéantit et pulvérise littéralement.

Elsa Sansregret ne maigrira jamais. L'obésité lui colle à la peau comme un vêtement d'homme-grenouille. Le grenouillage est justement sa passion.

Mais ne craignez rien! Elsa Sansregret sort totalement du moule rassérénant de la toutounerie. Elle est, comme Dora Lachaîne, une sinistre exception à la règle.

Rita Lasso
(rit à l'assaut!)

— Excuse-moi, Rita, je ne t'avais pas vue!

Le président de l'assemblée n'avait pas remarqué la main levée de Madame Lasso.

— Il faudra changer vos lunettes, Monsieur le président, si vous ne me voyez pas, moi!

Et tous les membres du comité de se mettre à rire. Si jamais l'idée leur était venue de répliquer quoi que ce soit, Rita les avait précédés!

Elle se rappelait que, enseignante, elle avait dit à Stéphane Giroux qui n'obéissait ni à Dieu ni à diable:

— Si tu ne m'écoutes pas, je vais m'asseoir sur toi jusqu'à ce que tu étouffes!

L'adolescent avait rigolé, certes, mais elle n'avait eu dès lors qu'un mot à dire pour obtenir son respect. Rire de soi, avant que les autres osent seulement en avoir l'idée, voilà une méthode qui comporte certains risques mais qui vaut la peine d'être employée.

Avec les parents, les collègues, les amis… c'est miraculeux! Du haut (ou du bas) de ses 120 kilos, Rita Lasso multiplie les histoires, les anecdotes, les imbroglios causés par son poids. Comment ose-raient-ils ensuite s'en moquer?

Sa présence représente un gros impact pour leur société.

Elle a le dos large, la Rita!

Ils auront perdu un gros morceau lorsqu'elle quittera son poste.

Son opinion pèse lourd dans la balance.

Elle a une influence de poids!

Toutes ces expressions, Rita les connaît et a appris à composer avec. Elle a conclu qu'avec l'humour toutes les parties en cause se sentent plus à l'aise.

Rita est une femme d'action: elle est mère de famille, présidente bénévole d'un mouvement féministe, commissaire d'école, membre bénévole du conseil d'administration d'une fondation d'un centre hospitalier, et directrice des ventes pour une société immobilière.

Elle déjeune tous les midis au restaurant et, deux ou trois fois par semaine, elle dîne avec des collègues.

C'est le boute-en-train de son groupe et, malgré qu'elle dise tout haut ce qu'elle pense, elle conserve un grand respect pour ses compagnes et compagnons.

Mais son ascension est pénible. Rita Lasso a de la difficulté à admettre qu'on lui préfère des hommes moins intelligents qu'elle pour des responsabilités prestigieuses. La chambre de commerce choisira un homme sans éclat plutôt qu'elle qui, d'un pas alerte et de tout son poids, irait éclaircir la vérité et donner un vrai sens aux choses.

Pour défendre une cause de haute importance, il faut soit un homme quel qu'il soit soit une femme aguichante (Rita les surnomme des femmes presse-tiges), pas des toutounes, fussent-elles d'éminents cerveaux.

Défi de taille que de prouver qu'une femme, toutoune de surcroît, pourra réussir mieux que deux mâles de la même espèce!

Rita ne parle jamais de diète! Elle ne se plaint jamais, ne réclame jamais d'après-midis de congé pour soigner une crise de nerfs. Elle fait toujours le boulot qu'on lui demande et plus encore!

Elle exploite de nouvelles idées, fait avancer les choses, se dévoue en temps supplémentaire et a toujours un bon mot pour ses camarades. Mais, malgré tout, le patron a choisi Estelle, une jolie mimine qui n'ouvrira pas la bouche, pour servir d'apéritif au cocktail du député fédéral.

C'est l'unique blessure au cœur de Rita Lasso!

Comme la femme heureuse qu'elle est vraiment, Rita se battra pour que sa toutounerie soit aussi payante que celle de Monsieur Lemoyne, le nouveau président obèse nommé par Toronto!

Rita, dans ses soirées en tête-à-tête avec son mari ou des amis, explique la théorie qu'elle a élaborée sur la mise à l'écart des toutounes. Une expression quelque peu vulgaire traduit véritablement la mentalité de ceux qui l'endossent: la femme non potentiellement mettable.

La table se met à trembler du rire des gens qui l'encerclent.

La femme non potentiellement mettable n'aura aucune chance auprès des hommes qui doivent, soutient Rita Lasso, avant d'établir tout dialogue d'affaire ou professionnel avec une dame, s'assurer qu'elle pourrait éventuellement (elle appuie sur ce mot) leur servir de complément sexuel.

Richard, son copain de longue date, saisit la pensée de Rita et l'appuie avec l'enthousiasme d'un innocent!

Rita Lasso sait bien que tout ce processus se passe au niveau du subconscient mâle et elle ne répand pas ses théorèmes dans les cerveaux incultes. Elle joue de prudence. Ils sont si fragiles, les mignons!

Rita se lève avec l'envie de commencer un régime à tous les lundis matins.

Tous les lundis soirs, elle abandonne cette idée, car, paradoxalement, Rita est une fonceuse. Et, si difficile que ce soit, Rita a décidé de prouver au monde entier que la toutoune mérite toute la place qu'elle paie si cher. *Oderint, dum metuant*: Qu'ils me haïssent pourvu qu'ils me craignent!

* * *

Rita Lasso est une toutoune heureuse qui essaie quand même de réduire sa surface corporelle pour ne pas mettre sa santé en péril. C'est une femme intelligente.

Mais elle a accepté sa condition et fera tout en son pouvoir pour réussir malgré la société qui essaie de lui faire perdre son seul objet de combat: sa marginale silhouette.

Rita Lasso est, très justement, l'exemple parfait de la toutoune qui s'accepte et qui ne compte nullement devenir mannequin chez Poitras.

Poèmes
pour gastrolâtres
bien nés

Voir la graisse… et mourir

Ô calories
Tortionnaires
De ma ventripotence
Témoins
De mes fastueuses
Secousses culinaires
Conséquences
De mes boulimies
Épicuriennes
Ô vous
Source de ma rebondissante

Carcasse
Hédoniques souvenirs
De béatitude
Quand cesserez-vous
Innommables fantassins
De la graisse antique
Et accumulée
De venir augmenter
Les rangs des cellules
Adipeuses
Qui se coagulent
S'entassent
S'amoncellent
Et s'accumulent
Dans les recoins physionomiques
Où tant de grands échalas
Connaissent la gloire
Là où la musculature
Devrait étonner
Chez moi l'on trouve
De ces bourrelets
Paralysants
Incamouflables ennemis
Ô douloureuses calories
Comme je vous aime
Insatiables passions
Contenues dans les commensales
    agapes
Qui enchantent

Mon existence
De gourmet
Mais hélas
Le disciple d'Esculape
A vaincu celui d'Épicure (des piqûres)
Et je me dois de vous dire
Pas au revoir
Mais adieu
Trop vous aimer
Me torture
Adieu donc
Désormais
C'est le régime
Je choisis l'avis

Grosse femme sur un banc

Sur un banc
Elle s'est déposée
Écrasée tel un sac à ordures
Sur le coin d'un trottoir
Bourrelée d'adipeuses largesses
Sa petite tête
Tel un phoque mafflu
S'incline pour mieux observer
Ses bras courts
Enrobant son ventre distendu
Se rejoignent avec peine
Ses jambes courtes
Ne frôlent le sol
Que du bout de la semelle
Son dos encavé
Épouse les travers du banc
Comme la pâte à pain
Lorsqu'elle lève
La grosse femme
Expire à grands bruits striduleux
La chaleur étouffe sa gaieté
Et la foule semble l'épier
Tels des milliers d'yeux
Indiscrets et assassins
Elle voudrait fondre
Là sur ce banc
Comme une gomme baloune

Sur l'asphalte brûlant
La grosse femme
Au regard envoûtant
Est l'appât des regards
Elle est belle
Tellement que l'on rive sur elle
De grosses prunelles rébarbatives
Une grosse femme
Si belle
C'est impardonnable

Ma grosse amie

Immense amie
Tonitruantes saccades
D'un rire éclaté
Énorme amie
Adipeux refuge
Pour les chagrins
Qui affectent le cœur
Qui affectent l'âme
Fidélité coussinée
Sans crainte d'abandon
Sans peur de déchirement
Mon gros amour
Qui sait que pour donner
Il faut emmagasiner
Et rassurer son ego
Le calmer le rassasier
Abondante amie
Qui ne connaît la faim
Ni du corps
Ni du cœur
Je pose ma tête
Sur ton incontournable bedaine
Et je m'enfouis
Et je m'enfuis
Et je me perds
Dans cet amas de bonheur

Alexandre Inn

Le soleil se pointe en milieu d'après-
midi
Nulle feuille nul roseau par le vent
affaiblis
Le silence s'installe et l'asphalte se
confond
Au firmament si bas qu'on le tou-
cherait du front
Voilà que sous le parasol près du por-
tail
Une toutoune étouffe agitant l'éven-
tail
Elle sue à grosses gouttes et com-
mande un Perrier
Et retire ses petons de ses étroits
souliers
Elle revient de chez le coiffeur et s'est
arrêtée
À la confiserie, chez Eaton et La Baie
A dîné chez Béatrice et pris le dessert
Chez Mimi qui habite au diable vau-
vert
C'est l'œdème aux jambes qu'elle a
pris l'«escalateur»
Avec ses six sacs dans le métro
Atwater

Passée au marché attraper des légu-
    mes verts
Pour le bœuf à la mode qu'elle fera
    pour Albert
Sa journée de toutoune fut si bien
    employée
Qu'elle se retrouve assise dans ce
    petit café
Soufflant, stridulant, écumant et rom-
    pue
Se disant à elle-même qu'on ne l'y
    reprendra plus
Pour d'ailleurs couronner ces propos
    si bien dits
Elle commande au serveur une petite
    pâtisserie
Voilà que sous le parasol près du
    portail
Une toutoune étouffe agitant l'éven-
    tail
Soufflant, stridulant, écumant et rom-
    pue
Se disant à elle-même qu'on ne l'y
    reprendra plus

Ép**i**logue

«Premiers parents du genre humain,
dont la gourmandise est historique,
qui vous perdîtes pour une pomme,
que n'auriez-vous pas fait pour une
dinde aux truffes?»

Brillat-Savarin

Certains diront qu'une toutoune n'est
point heureuse. On a dit que toutes ses
mastications stimulent son agressivité en
même temps que ses glandes salivaires.
Que chaque coup de dent exprime une
rage envers l'objet même de sa jouissance. On a dit. On dira.

Cet ouvrage ne se veut point une
apologie de la suralimentation, non plus

qu'une condamnation systématique de la bonne forme physique. Il se veut une réflexion humoristique en même temps qu'une démystification de la toutounerie.

De plus, rien n'est dogmatique! Il y a autant de théories qu'il y a de théoriciens dans le domaine de l'obésité et comme personne n'a encore trouvé le véritable nœud du problème, alors...

C'est, en outre, un sujet de l'heure. Pendant que, allégrement, je procédais à la correction de mon manuscrit, deux ou trois toutounes se sont élevées tout à coup! Témoignages, interviews à la radio, articles dans les magazines féministes... Chaque fois, j'avais l'impression d'avoir affirmé le contraire de ce qu'elles avançaient.

Il est bien clair que cet ouvrage ne prône pas l'embonpoint. Il essaie seulement, par l'humour, de le dédramatiser.

Je n'y ai parlé que des toutounes que je connais, de la toutoune que je suis.

Cela n'exclut pas les drames que nous vivons tous les jours. Cela n'exclut pas le rêve que nous chérissons toutes de devenir un de ces échalas dont nous nous moquons si gentiment dans cet ouvrage.

Qu'on se le mette bien dans la tête, l'obèse ne désire pas le rester.

Il ou elle voudrait être mince. Mais… puisqu'on y est, temporairement peut-être, pourquoi ne pas en prendre le meilleur parti… et en rire? Et puis, oui… je suis d'accord avec les régimes amai-grissants! Oui, je suis d'accord avec un «corset» dans un esprit sain! Oui, j'aime tous ceux qui veulent mon bien. Nous, toutounes et toutounets, sommes de bons vivants. Mais, pour l'amour de Dieu! puisqu'il faut exercer notre imposant karma, faisons-le avec humour et tentons de nous convaincre que le bonheur est possible, que tout est dans l'attitude.

Pour transformer l'énorme opinion publique, disons-nous que nous avons tout le poids nécessaire. Profitons de notre force monumentale pour convain-cre l'homme moyen que mieux vaut être gras et enchanté que maigre et maussade.

Ne voyez en cet ouvrage que l'ex-pression d'une plume légère qui a décidé de titiller votre sens de l'humour.

Si je me suis bien documentée, il va de soi que j'ai surtout utilisé ma grosse imagination. On ne choisit pas ses obé-sités. Elles se logent aussi dans l'imagina-tion, dans le sens de l'humour, dans tous genres d'excès…

Table des matières grasses

Achevé   Imprimerie
d'imprimer Gagné Ltée
au Canada Louiseville

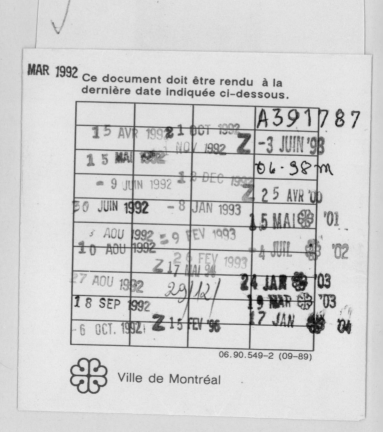

MAR 1992 Ce document doit être rendu à la
dernière date indiquée ci-dessous.

A391787

1 5 AVR 1992	2 1 OCT 1992	Z -3 JUIN '93	
1 5 MAI 1992	3 NOV 1992	06·98 m	
- 9 JUIN 1992	1 8 DEC 1992	Z 2 5 AVR '00	
3 0 JUIN 1992	- 8 JAN 1993	1 5 MAI '01	
3 AOU 1992 10 AOU 1992	- 9 FEV 1993	- 4 JUIL '02	
	Z 2 6 FEV 1993 17 MAI 94		
2 7 AOU 1992	29/12/	2 4 JAN '03	
1 8 SEP 1992		1 9 MAR '03	
- 6 OCT. 1992	Z 1 5 FEV '96	1 7 JAN '04	

06.90.549-2 (09–89)

Ville de Montréal